Оглавление

1. Платформа

1.1.   Создано на Laravel

Приветствую вас друзья! С вами Дмитрий. В этом видео я расскажу вам о системе управления сайтом October CMS.

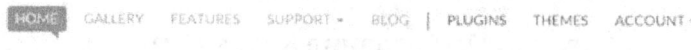

Ядро October CMS в текущий момент создаётся двумя разработчиками, один из которых наш быстрый соотечественник Алексей Бобков.

Итак, October CMS это не та CMS, которая обычно приходит на ум, когда мы слышим слово CMS. Это не WordPress-образное создание и не Jumble- подобное существо. October CMS — это CMS для web-разработчиков, направленное на быстрое создание сайтов людьми, разбирающихся в программировании. October базируется на замечательном Фреймворке Laravel и разделяет философию Laravel. Web -разработка должна быть простой и должна приносить удовольствие.

Если вы freelancer, либо тимлид, либо набираете свою команду, то есть вы человек, который сам волен выбирать инструмент для разработки, то October CMS может вас заинтересовать. Даже не смотря на то, что проект молодой и находится на стадии Betta. В нем уже чувствуется мощь и большой потенциал. Тот факт, что под капотом находится Фреймворк Laravel, говорит о том, что изучить разработку под October не составит труда, И соответственно найти разработчиков, которые смогут поддерживать, дорабатывать собственно ранние проекты будет не сложно.

Итак, друзья цель данного видео – дать вам информацию о существовании такого замечательного инструмента. И если October CMS вас заинтересовал, то более подробно почитать можно о нем на его официальном сайте. И, собственно, загрузить, посмотреть и дальше работать самостоятельно.

Всем спасибо за просмотр! С вами был Дмитрий! До встречи на следующем видео уроке!

1.2.   Установка

Приветствую вас друзья! С вами Дмитрий, и в этом видео мы будем устанавливать October CMS.

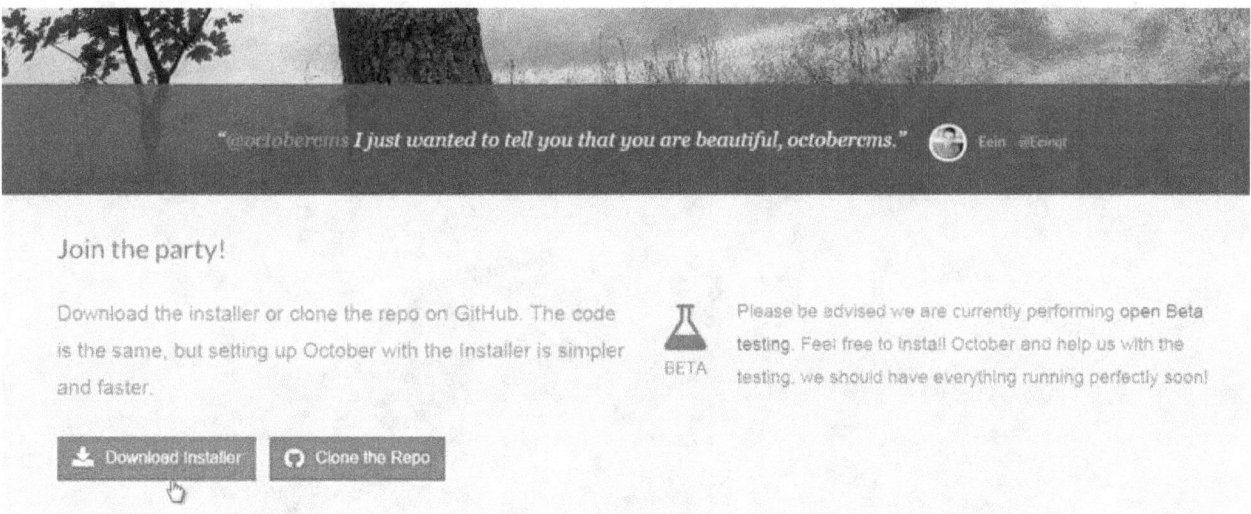

Разработчики нам предлагают два варианта установки. Первый вариант – банально клонировать репозитарий и второй вариант – они предлагают свой Download Installer. Но клонировать это скучно. Давайте посмотрим, что нам предлагают разработчики в качестве инсталлятора.

▾d:\xampp\htdocs\october.local*.*				
♦Name	**Ext**	**Размер**	**Дата**	**Название**
➡ [..]				
[public]		<DIR>	07.09.2014 11:25	
install-master	zip	150 876	07.09.2014 11:24	

Скачаем архив. Я его уже скачал. Также подготовил локальный домен, назвал его october. local. Вот его настройки в файле httpd-vhosts.conf.

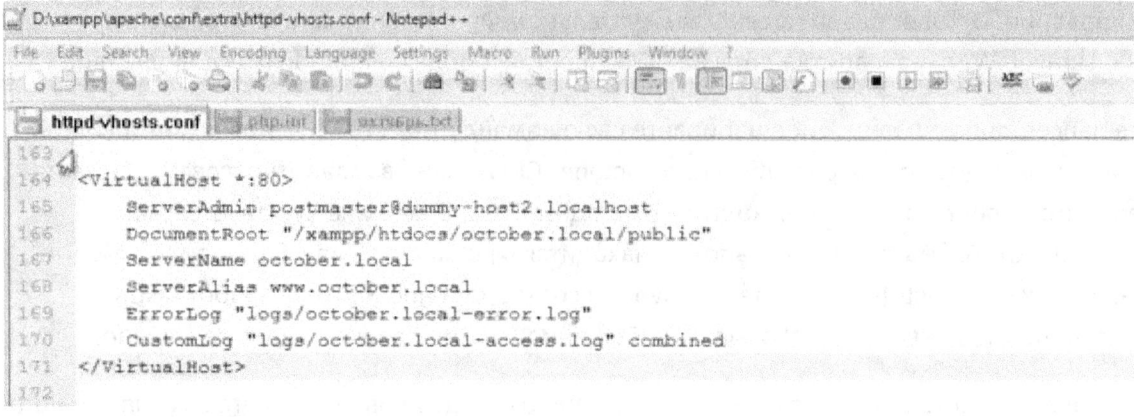

Где DocumentRoot, у меня будет папка public. Скрипты инсталлятора я распаковал в папку public таким образом, чтобы файл Install, как раз, находился в корне.

▼d:\xampp\htdocs\october.local\public*.*				
+Name	**Ext**	**Размер**	**Дата**	**Название**
➡ [..]				
[install_files]		<DIR>	11.09.2014 10:49	
.gitignore		15	11.09.2014 10:49	
install	php	7 294	11.09.2014 10:49	
README	md	1 267	11.09.2014 10:49	

Подготовим базу данных для нашей CMS. Перед установкой сразу это сделаем. Создадим базу

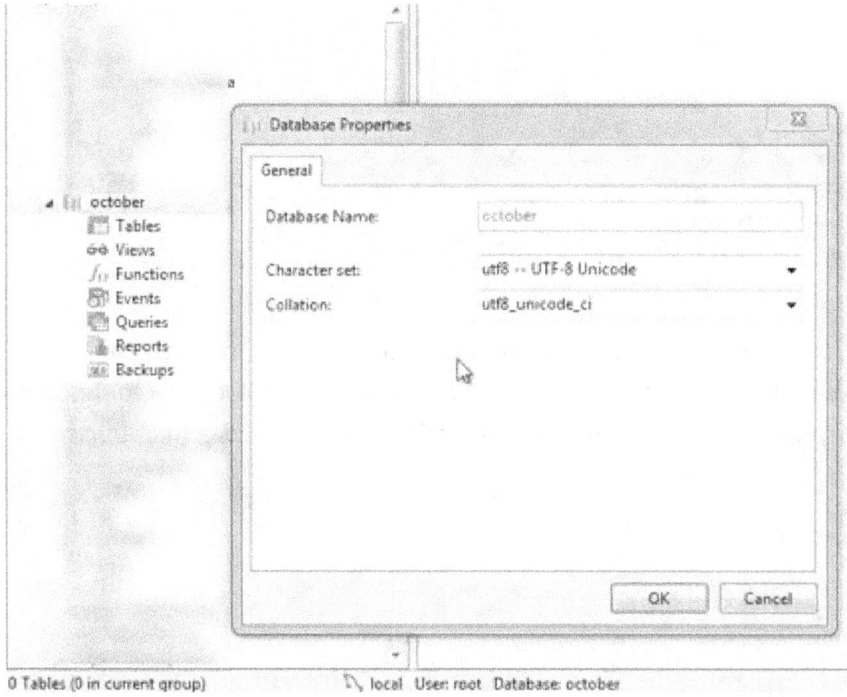

данных, назовем October.

Character set будет UTF-8 Unicode, Collation - unicod_ci. Для того, чтобы начать установку, мы просто напросто в браузере запускаем данный файл Install.php.

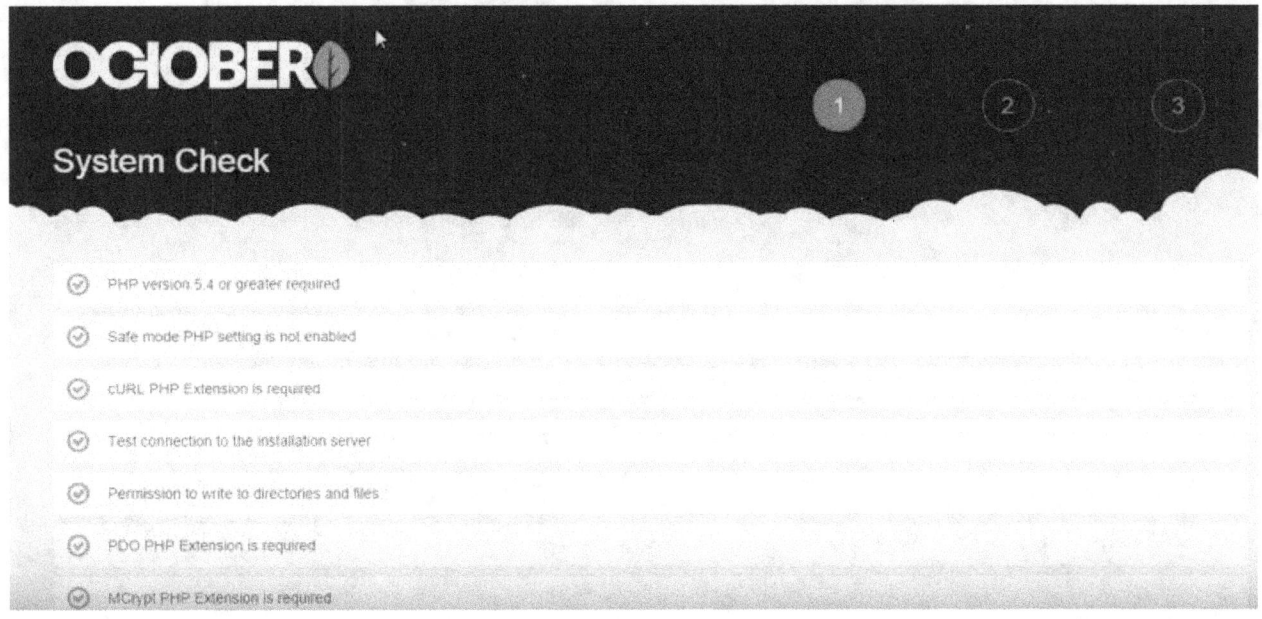

Установщик проверяет, все ли настройки php у нас верные. Как мы видим, здесь у нас зеленые

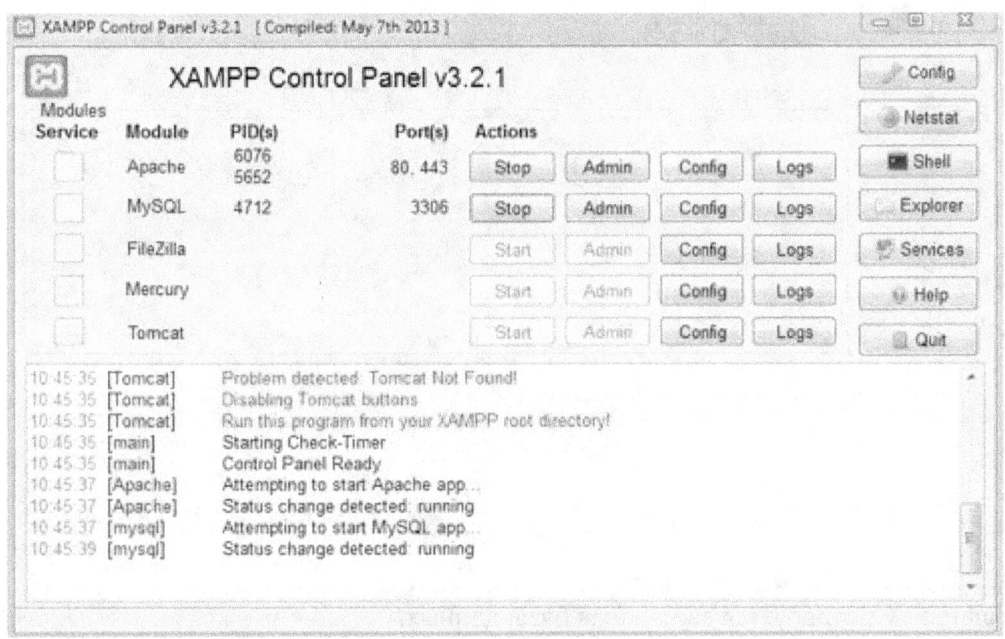

галочки, значит все у меня нормально установлено.

Напомню, что я использую XAMPP Control Panel v.3.2.1

License agreement

MIT license

Permission is hereby granted, free of charge, to any person obtaining a copy of this software and associated documentation files (the "Software"), to deal in the Software without restriction, including without limitation the rights to use, copy, modify, merge, publish, distribute, sublicense, and/or sell copies of the Software, and to permit persons to whom the Software is furnished to do so, subject to the following conditions:

The above copyright notice and this permission notice shall be included in all copies or substantial portions of the Software.

THE SOFTWARE IS PROVIDED "AS IS", WITHOUT WARRANTY OF ANY KIND, EXPRESS OR IMPLIED, INCLUDING BUT NOT LIMITED TO THE WARRANTIES OF MERCHANTABILITY, FITNESS FOR A PARTICULAR PURPOSE AND NONINFRINGEMENT. IN NO EVENT SHALL THE AUTHORS OR COPYRIGHT HOLDERS BE LIABLE FOR ANY CLAIM, DAMAGES OR OTHER LIABILITY, WHETHER IN AN ACTION OF CONTRACT, TORT OR OTHERWISE, ARISING FROM, OUT OF OR IN CONNECTION WITH THE SOFTWARE OR THE USE OR OTHER DEALINGS IN THE SOFTWARE.

Agree & Continue

Читаем лицензионное соглашение, соглашаемся и нажимаем на кнопку Agree&Continue.

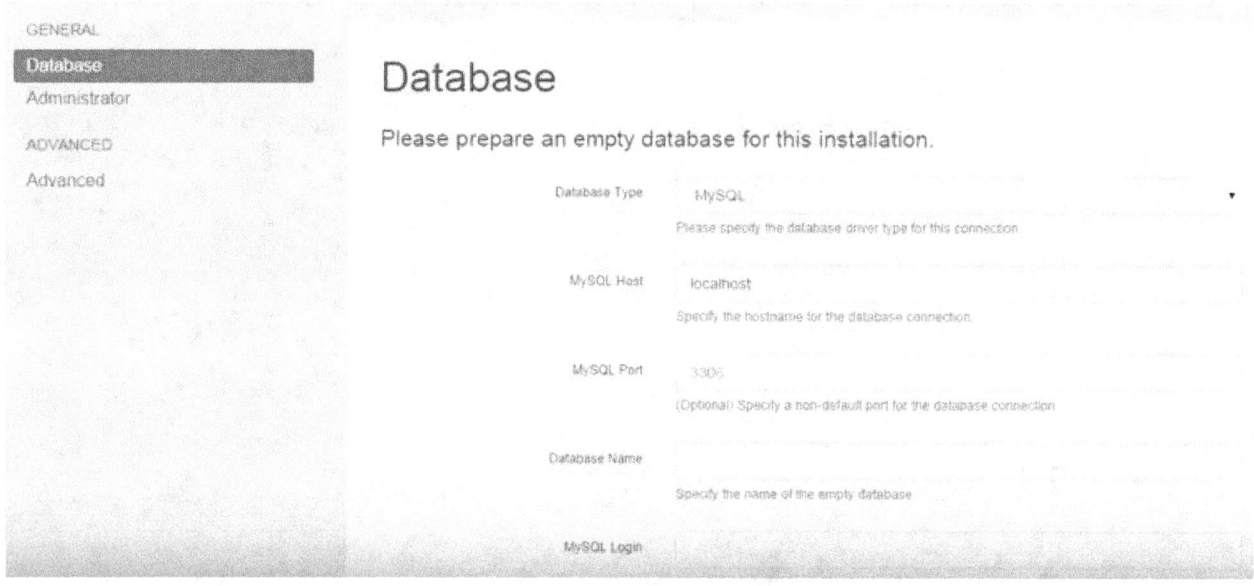

На следующем шаге нам потребуется ввести имя базы данных.

У меня это:

MySQL – localhost;

Database Name – october;

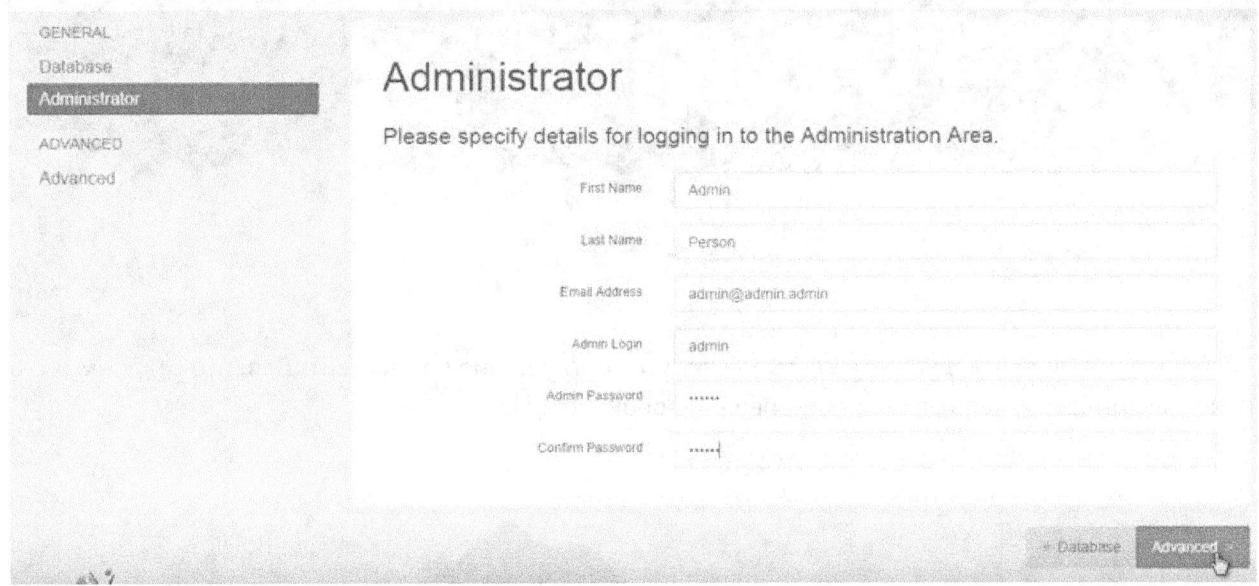

MySQL Host	localhost
	Specify the hostname for the database connection
MySQL Port	3306
	(Optional) Specify a non-default port for the database connection
Database Name	october
	Specify the name of the empty database
MySQL Login	root
	User with all privileges in the database
MySQL Password	.
	Password for the specified user

Administrator >

Continue

MySQL Login – root;

MySQL Password – 1.

Administrator

Please specify details for logging in to the Administration Area.

First Name	Admin
Last Name	Person
Email Address	admin@admin.admin
Admin Login	admin
Admin Password	••••••
Confirm Password	••••••

GENERAL
Database
Administrator

ADVANCED
Advanced

‹ Database   Advanced ›

 Давайте перейдём на вкладку Administrator, и зададим логин – admin, пароль пусть будет такой же. Вкладка Advanced нам не нужна. Здесь можно определить, где у нас будет располагаться админка. Пусть все останется по умолчанию. И нажимаем Continue.

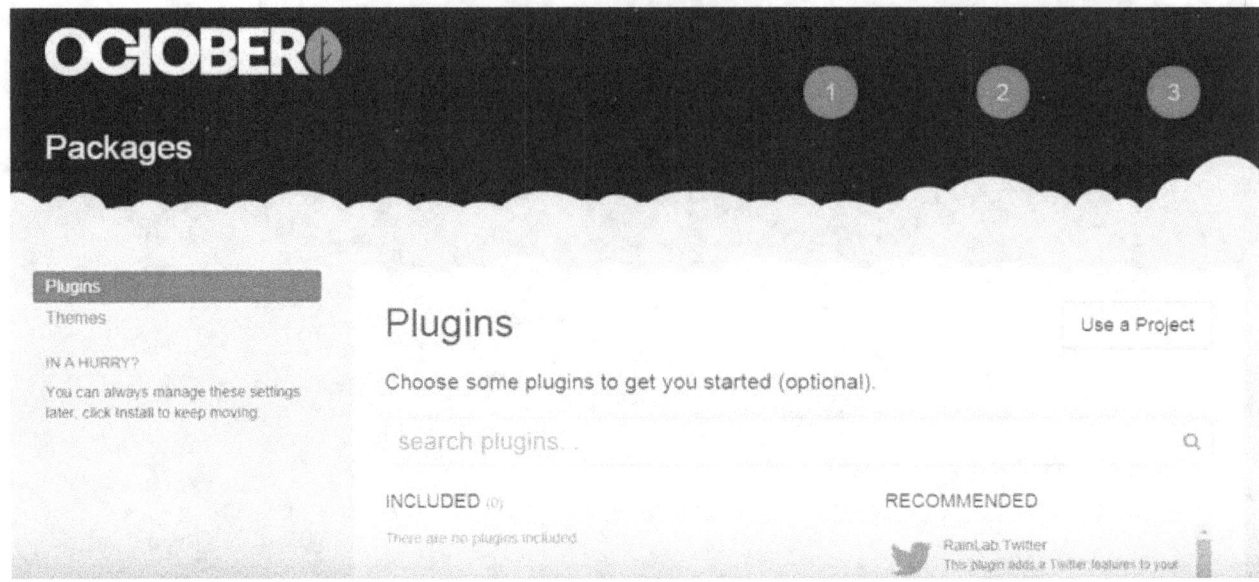

На следующем шаге нам предлагают предустановить сразу некоторые плагины, а также мы можем осуществить поиск плагинов и какие-то другие загрузить. Но давайте все оставим по умолчанию, темы тоже пока никакие дополнительные не будем загружать. Посмотрим, как October CMS будет у нас выглядеть без каких-то дополнительных наворотов.

Но дополнительные навороты мы тоже потом установим те, которые нам будут нужны. Нажимаем Install.

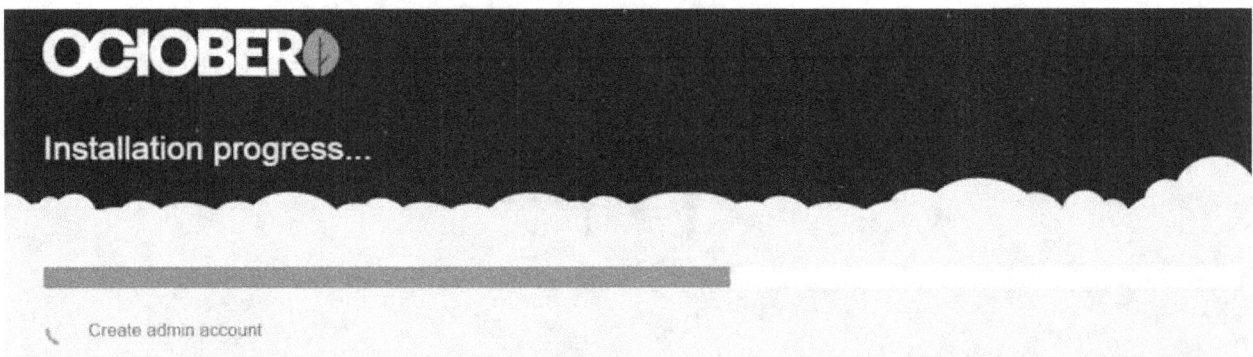

Установка успешно завершена, и здесь мы видим приглашение на сам сайт. Давайте откроем его в и приглашение в панель администрирования новой вкладке.

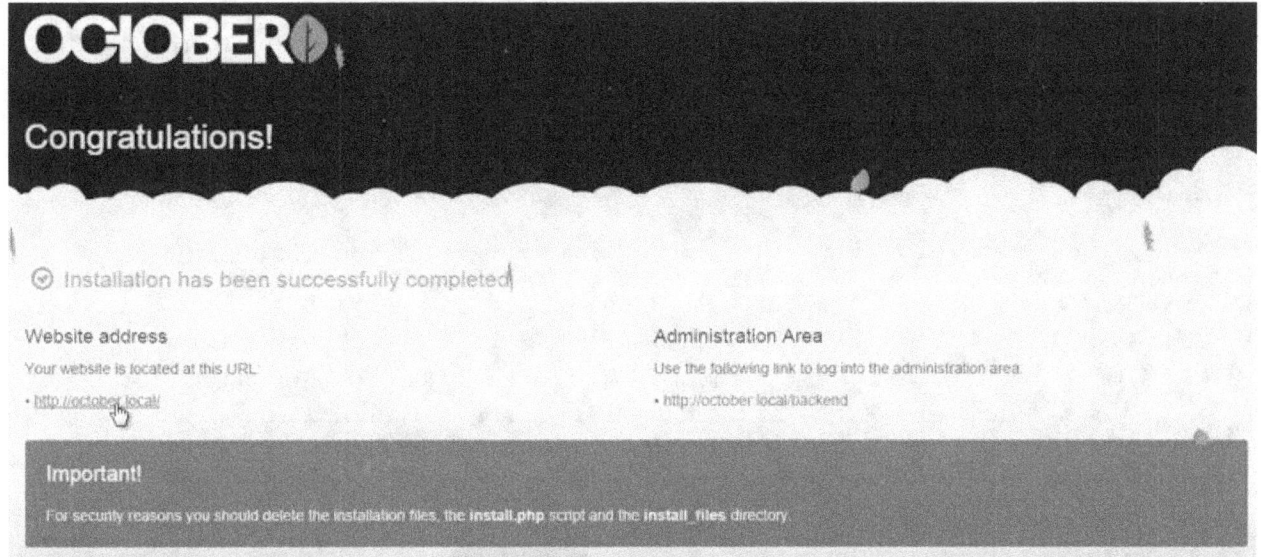

Здесь нам говорят, что для безопасности нам следует удалить Install.php и папку install_files в

Name	Ext	Размер	Дата	На
[..]				
[app]		<DIR>	11.09.2014 11:06	
[bootstrap]		<DIR>	11.09.2014 11:06	
[install_files]		<DIR>	11.09.2014 10:49	
[modules]		<DIR>	11.09.2014 11:05	
[plugins]		<DIR>	11.09.2014 11:05	
[themes]		<DIR>	11.09.2014 11:06	
[uploads]		<DIR>	11.09.2014 11:06	
[vendor]		<DIR>	11.09.2014 11:05	
.gitignore		15	11.09.2014 10:49	
.htaccess		1 742	11.09.2014 11:06	
artisan		2 451	11.09.2014 11:06	
index	php	985	11.09.2014 11:06	
install	php	7 294	11.09.2014 10:49	
README	md	1 267	11.09.2014 10:49	

нашем DocumentRoot. Давайте это сделаем.

Вот здесь у нас появились новые файлы, вот install для него и install_files, который тоже удаляем.

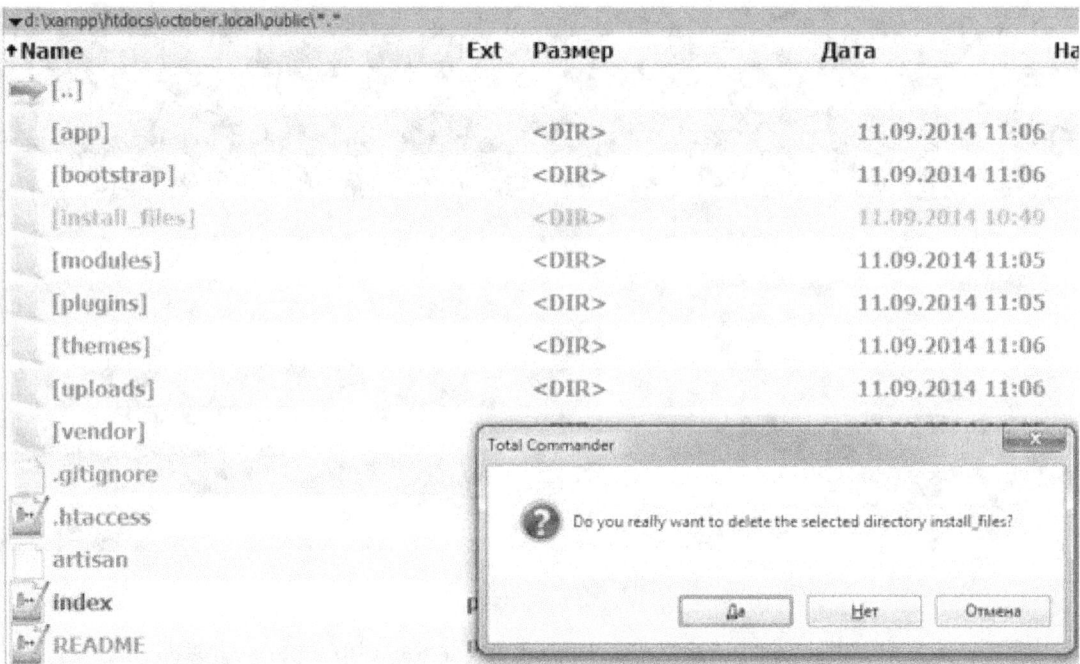

Давайте посмотрим, как будет выглядеть наш сайт после установки. Вот, собственно, наш демо сайт без каких-либо наворотов.

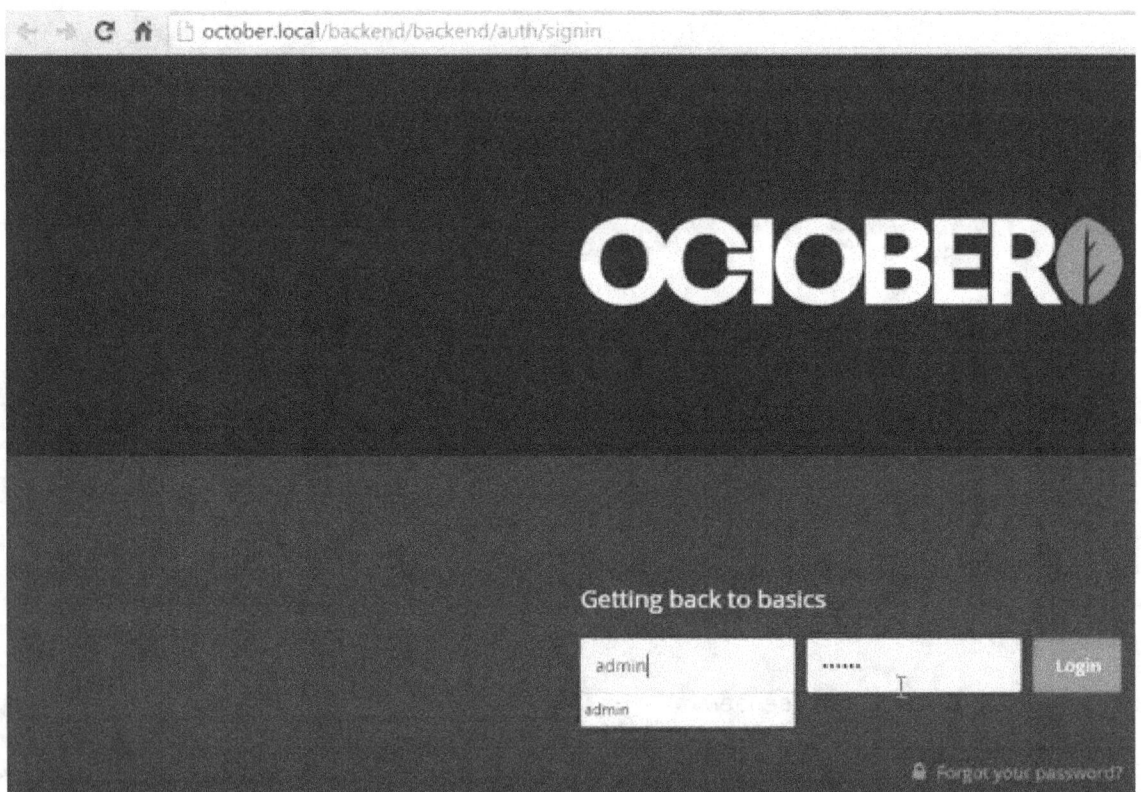

Здесь мы видим краткую документацию и панель администрирования. Теперь вводим логин и пароль. Тут же мы видим два сообщения. Первое сообщение – это то что у нас в php модуль fileinfo - сейчас мы его подключим. И второе сообщение- то что у нас есть обновление.

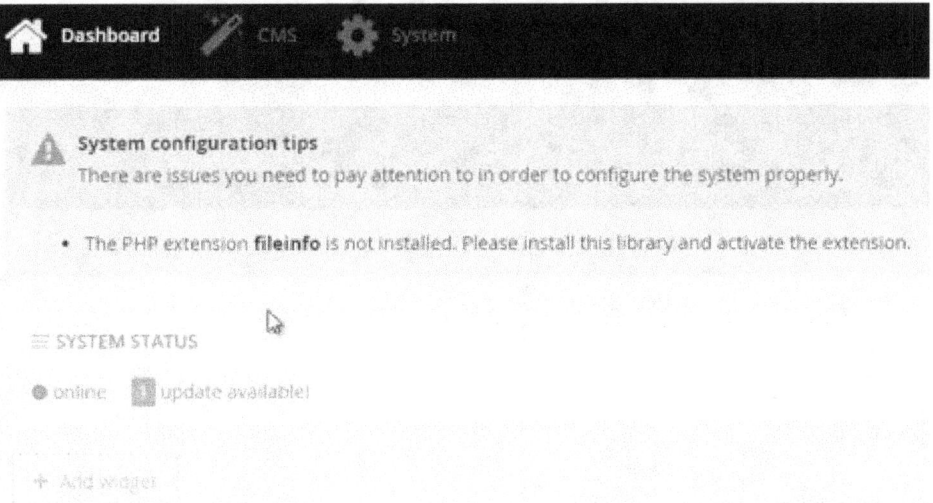

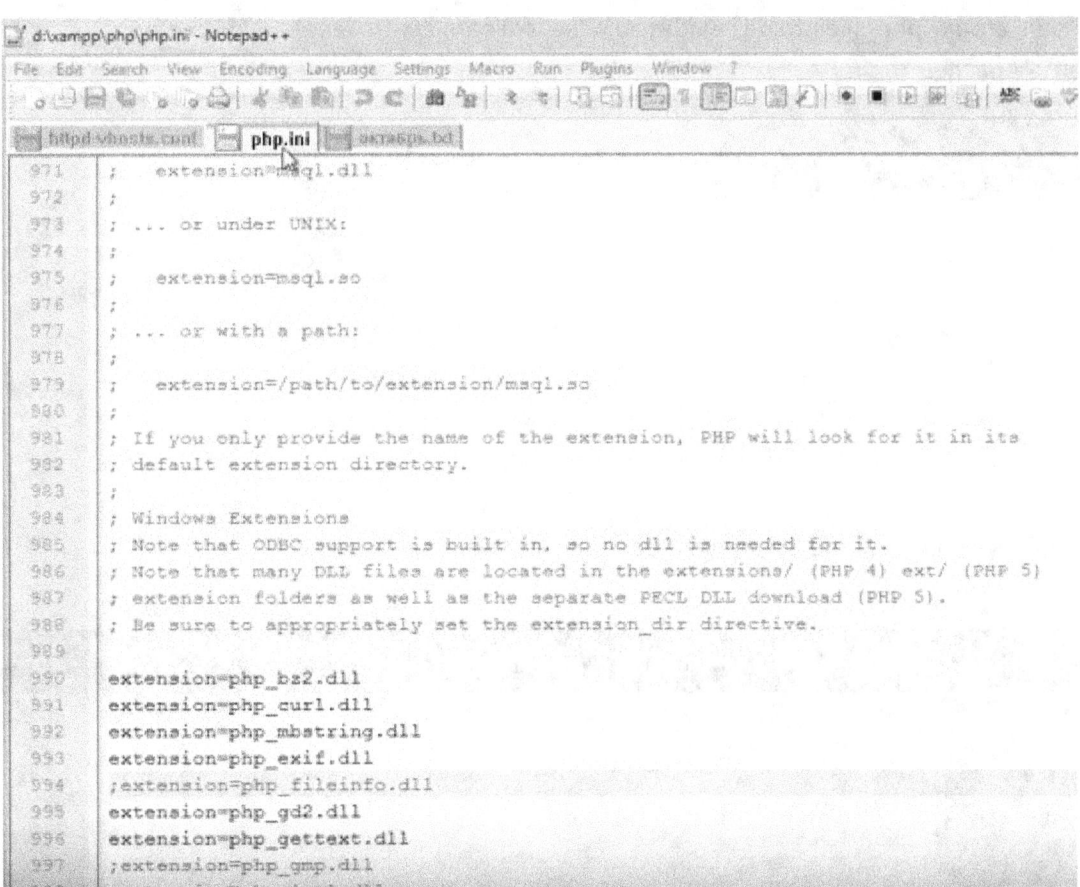

Давайте сначала в настройках php включим fileinfo и затем уже обновимся. Находим файл php.ini.

Данный файл находится в папке xampp/php/php.ini.

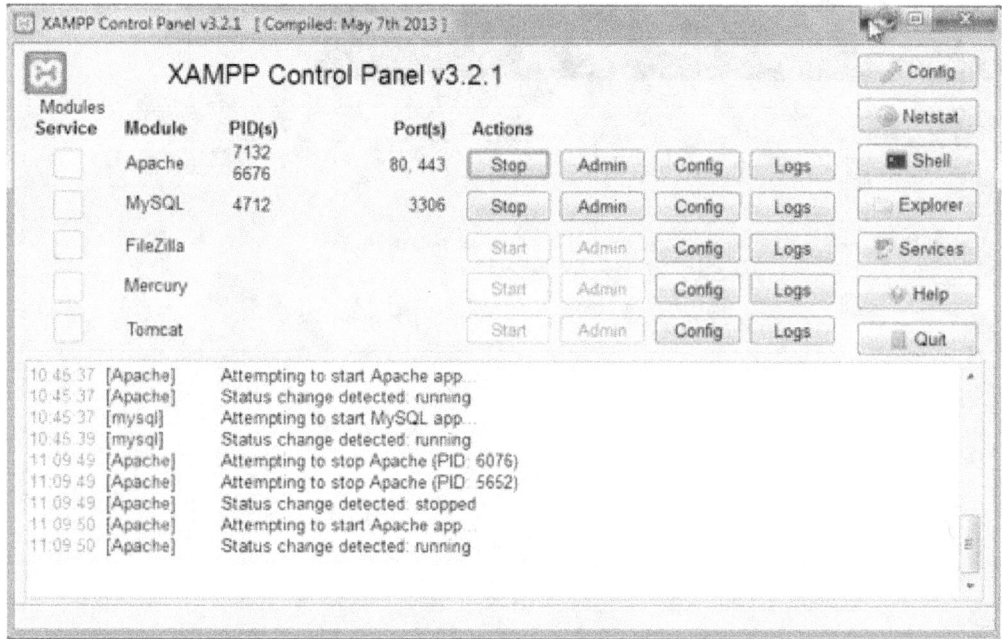

 Находим нашу строку php_fileinfo.dll , выбираем ее, сохраняем, и теперь нам следует перезагрузить Apache.

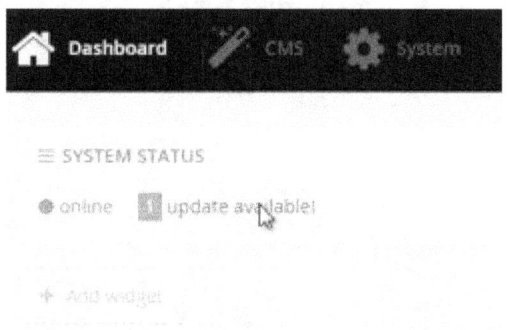

Apache перезагружен и давайте обновим страничку- сообщение исчезло.

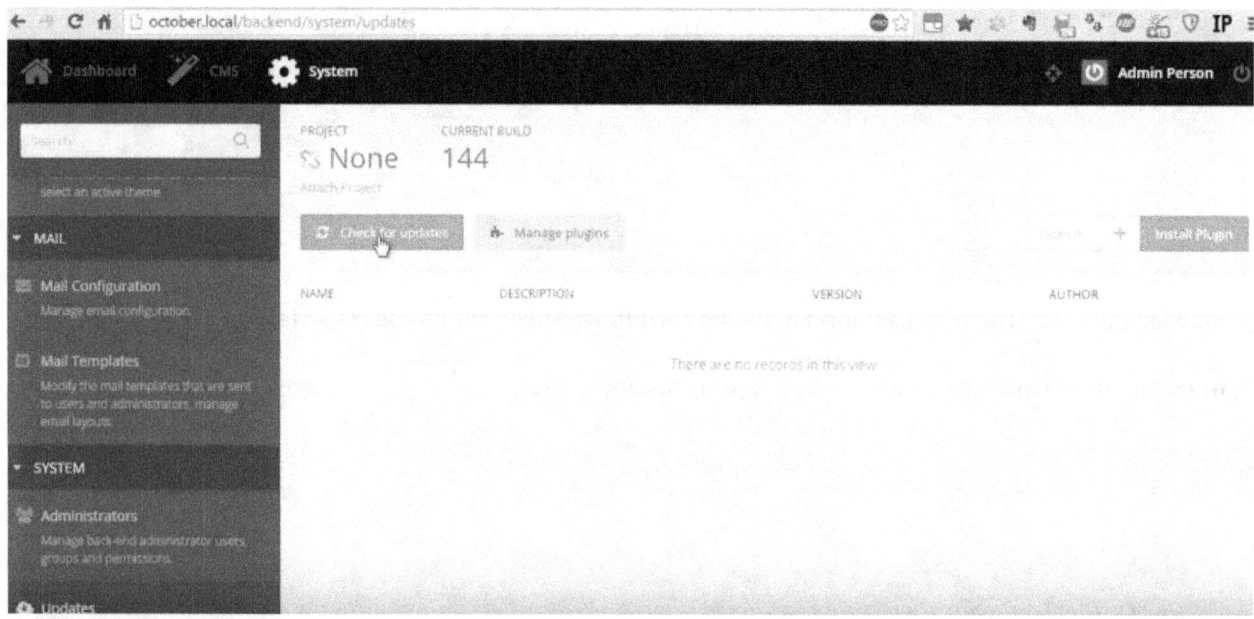

Теперь давайте обновим нашу систему.

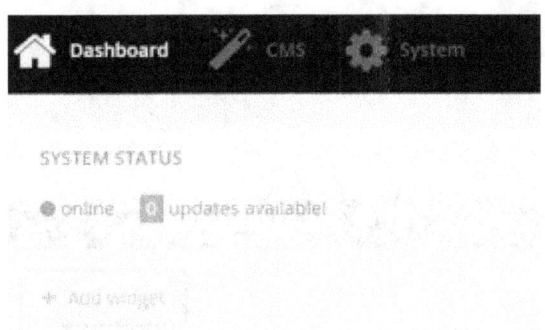
Обновление закончилось. Система успешно у нас обновлена. На этом установка October CMS закончена.

Всем спасибо за просмотр. С вами был Дмитрий.

1.3. Создание статичной страницы

Итак, друзья, давайте создадим первую статичную самую простую страничку в October CMS.

Для этого нам потребуется зайти в админку и перейти на вкладку «CMS».

Здесь мы слева видим в панели ряд других вкладок. Нам требуется зайти на самую первую – «Pages». Здесь мы видим наши первые демонстрационные странички, которые у нас были изначально. Это у нас и демонстрационные странички, например, для главной страницы, страница демонстрации AJAX и т.д. И две странички ошибок.

Нажимаем на кнопочку «Add» и добавляем новую страничку.

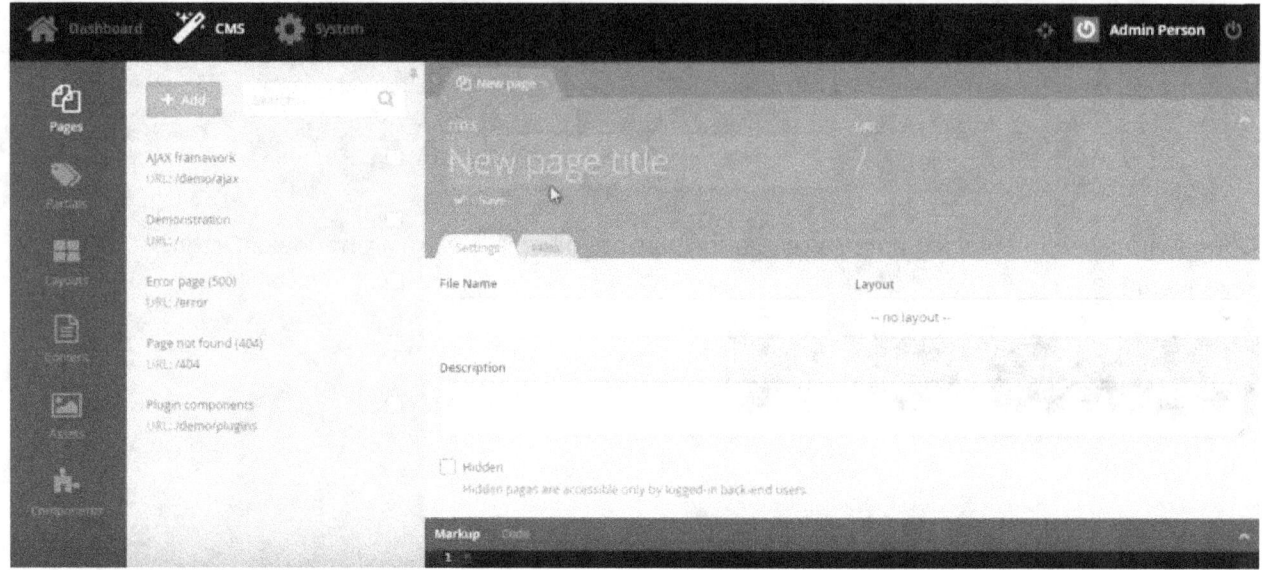

Итак, она у нас будет называться «New Page». И по умолчанию мы видим, что она у нас будет располагаться по адресу «new_ page».

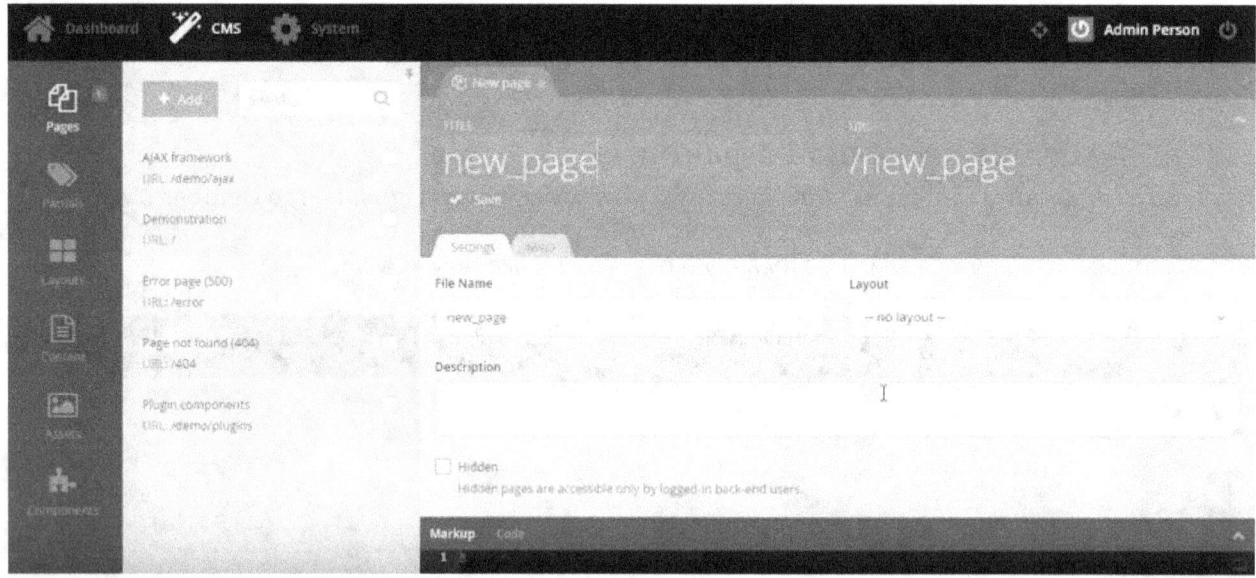

В форме ниже мы можем задать определенные поля данной таблицы. Каким образом будет называться наш файл, содержащий данную страничку, Layout, также Description и некий HTML-код.

Давайте здесь напишем HTML-код. В тег «h1» мы укажем, что это у нас «New Page», и оставим по умолчанию, как есть.

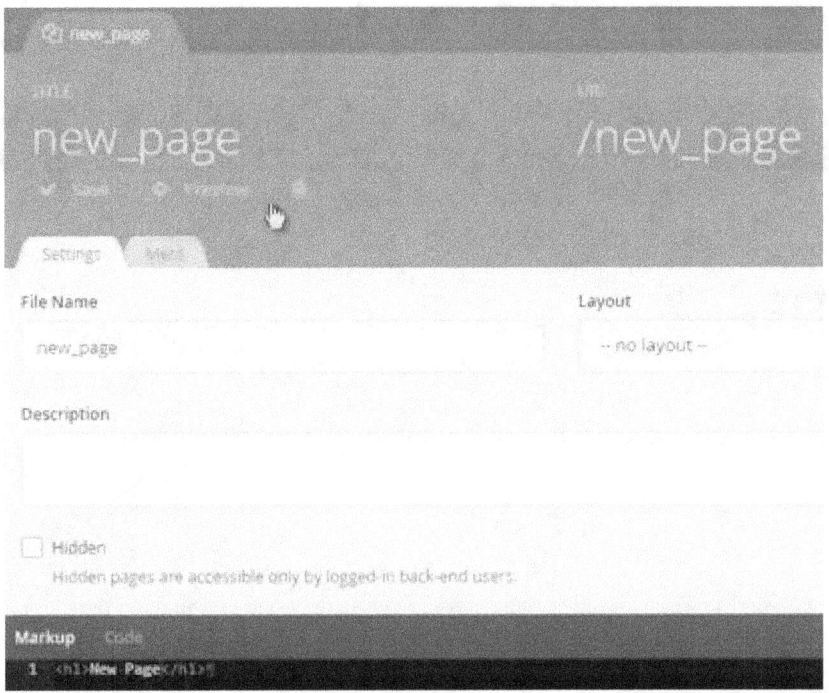

Нажимаем «Save», страничка сохранилась, и смотрим превью. Мы перешли по адресу «new_page» и, соответственно, видим здесь «New Page».

New Page

В отличие от главной страницы сайта, мы здесь вывели исключительно надпись «New Page».

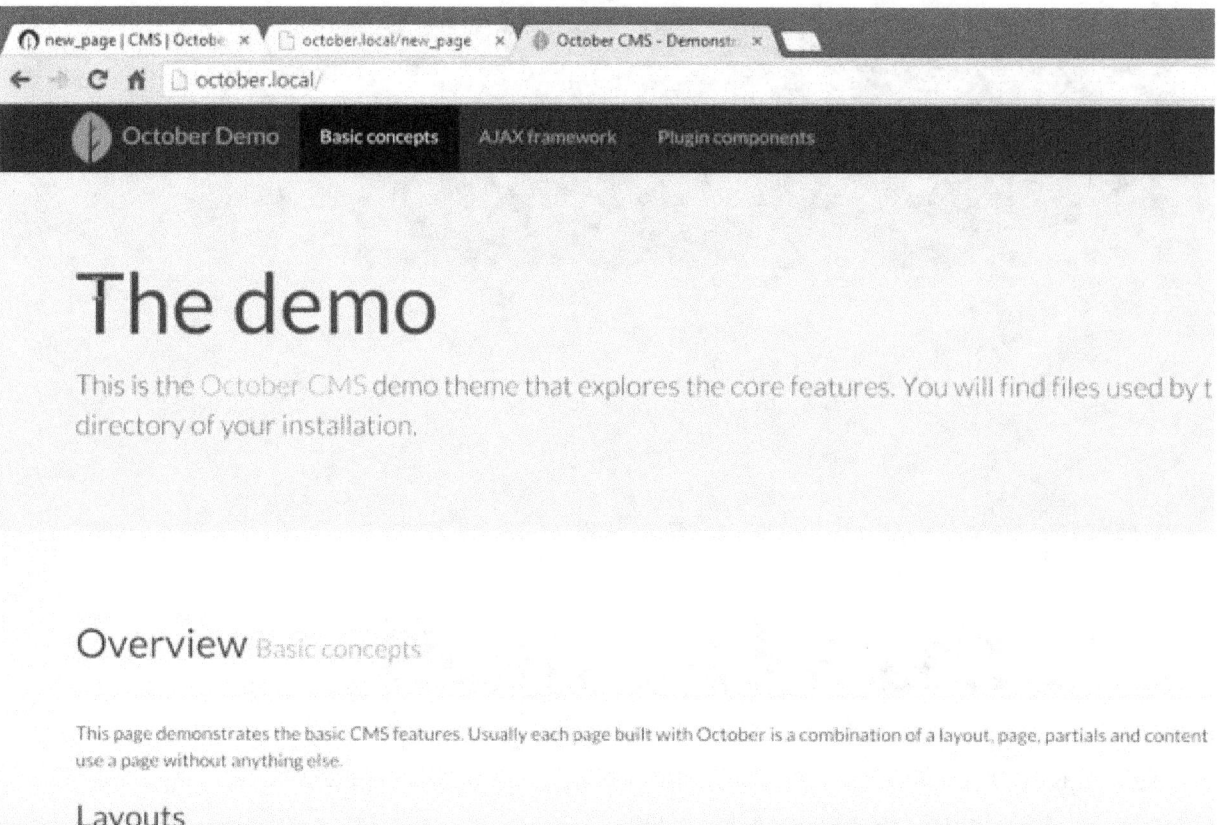

Для того чтобы у нас «New Page» появился в данном макете по умолчанию, нам требуется для него задать макет, Layout.

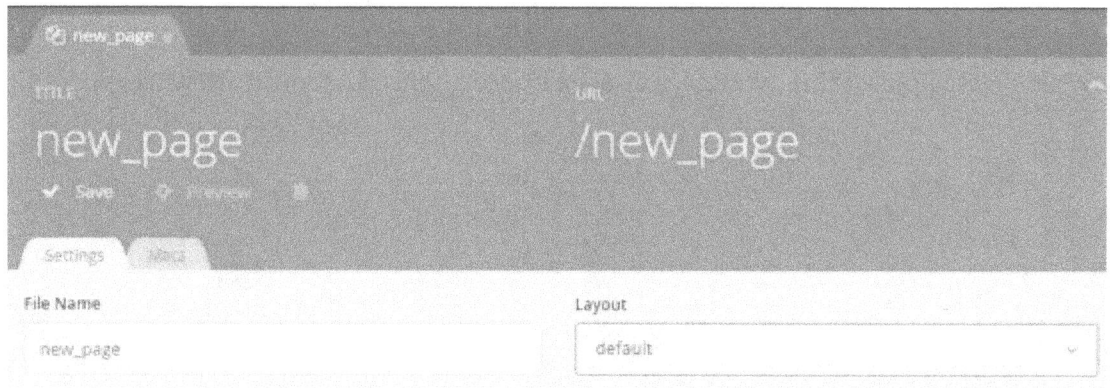

Выбираем «default», нажимаем «Сохранить» и обновляем страницу.

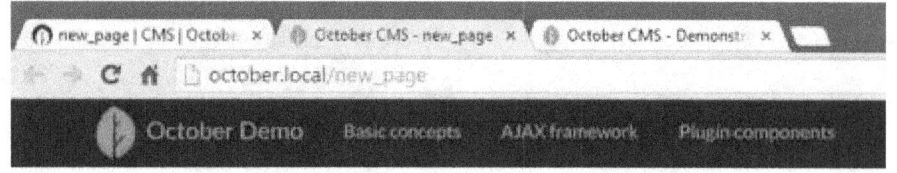

New Page

© 2013 Alexey Bobkov & Samuel Georges.

Layout у нас подсоединился, и, соответственно, мы видим топ, видим футер, и посередине мы видим тот код, который мы указываем здесь, т.е. в данном случае название нашей странички.

Предположим, если мы хотим данной страничкой заменить данную страницу (напомним, вот наша главная страничка), то мы можем это сделать, изменив URL на просто обратный слэш.

Сохраняем. Делаем превью.

Попадаем на главную страницу, и на главной странице мы уже видим не то, что у нас было, а нашу новую страничку.

1.4. Создание каркаса страницы

Давайте создадим свой каркас страницы, так как если, предположим, на базе данных CMS мы будем создавать свой сайт, то, само собой, шаблон у нас будет несколько иной, а не тот, который у нас есть по умолчанию.

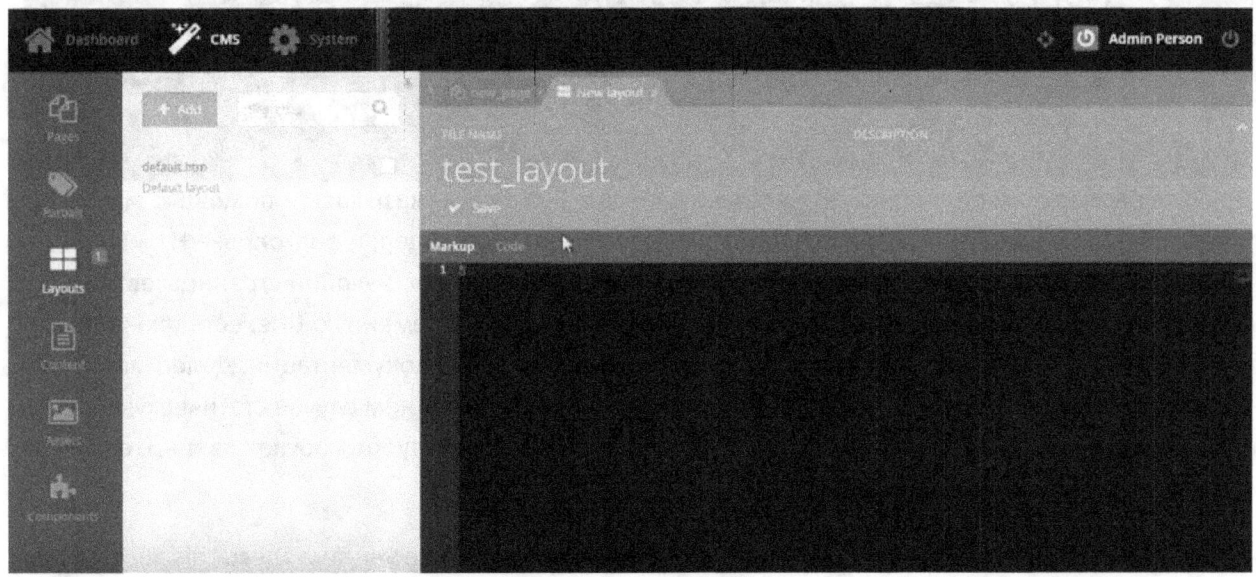

Первым делом для этого нам потребуется создать layout каркас. Но сначала я сделал вот такую замену html кода нашей главной страницы, которую мы сделали в прошлом видео.

Итак, переходим на вкладку Layouts и добавляем новый каркас, новый layout. Назовем данный layout, как test_layout и запишем сюда следующий код.

```
1   <!DOCTYPE html>
2   <html>
3       <head>
4           <title>October CMS - test layout</title>
5           <link href="{{ [
6               'assets/css/theme.css'
7           ]|theme }}" rel="stylesheet">
8       </head>
9       <body>
10
11          <header class="container">
12              <h1>{{ this.page.title }} <small>Page header</small></h1>
13          </header>
14
15          <section>
16              <div class="container">
17                  {% page %}
18              </div>
19          </section>
20
21          <footer>
22              <hr>
23              <p>Footer</p>
24          </footer>
25
26
27          <script src="{{ [
28              'assets/javascript/jquery.js'
29          ]|theme }}"></script>
30      </body>
31  </html>
```

Давайте рассмотрим подробнее, что я здесь написал. В хэде мы указываем с помощью массива, какие CSS у нас здесь подключаются. Далее в коде мы создаем хэдер, и в заголовке H1 мы указываем название данной страницы с помощью «this. page. title». У любой страницы есть определенные переменные. В данном случае мы используем переменную title, есть также this. page.id, this. page.discription и так далее, это можно посмотреть в документации. Далее мы создаем section, и с помощью page мы выводим ту страницу, в данном случае статическую страницу. То есть та страница, у которой будет указан наш новый layout, соответственно, ее данные будут помещаться сюда.

Прошу обратить ваше внимание на то, что в официальном видео не увидим здесь this. К переменным страницы нужно обращаться именно так this. page. title, а саму страницу мы будем вводить с помощью переменной page. Далее после футера мы указываем, какими JS мы будем пользоваться. В данном случае мы будем подключать jquery.

Итак, я сохраняю наш новый layout, перехожу на вкладку new_page, и здесь в списке появился наш test_layout. Давайте его подключим, сохраним и сделаем превью, посмотрим, что у нас получилось.

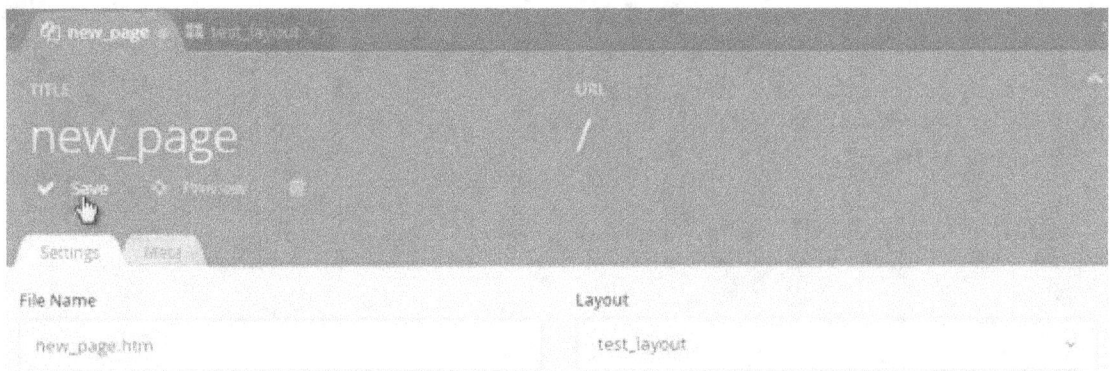

Как мы видим, наш title успешно вставился, и, собственно, наш layout подхватился.

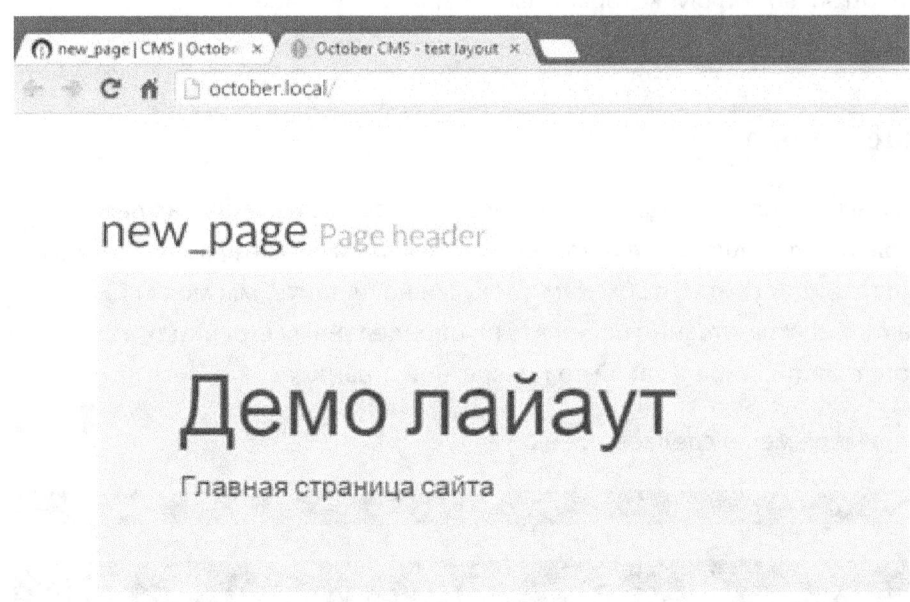

Давайте посмотрим исходный код страницы. CSS у нас вот таким страшным образом подключился, и JS тоже, собственно.

```
1  <!DOCTYPE html>
2  <html>
3         <head>
4                <title>October CMS - test layout</title>
5                <link href="/combine/771e611b2906dbd25d4da97499eeb31a-1410419171" rel="stylesheet">
6         </head>
7         <body>
8
9                <header class="container">
10                      <h1>new_page <small>Page header</small></h1>
11               </header>
12
13               <section>
14                      <div class="container">
15                            <div class="jumbotron">
16  <h1>Демо лайаут</h1>
17  <p>Главная страница сайта</p>
18  </div>            </div>
19               </section>
20
21               <footer>
22                      <hr>
23                      <p>Footer</p>
24               </footer>
25
26
27               <script src="/combine/6135f3b5885bbe5ba1237bf9b9c28be2-1410419171"></script>
28        </body>
29  </html>
```

И в контейнер попал наш jumbotron, вот он div, который мы обозначили вот здесь.

1.5.   Создаём меню

Итак, вкладки pages и layouts мы рассмотрели. Давайте, теперь остановимся на вкладке partials. Что такое partials? Это некие элементы верстки в данном случае, куски так сказать, кода, которые могут повторяться на разных страницах сайта. Чтобы нам эти куски не плодить, мы можем отдельно их здесь организовать и соответственно вставлять на определенных страницах, там, где там это нужно. Можно в layout ставить, либо в какой-то конкретной странице.

Итак, давайте создадим, на примере меню сделаем меню.

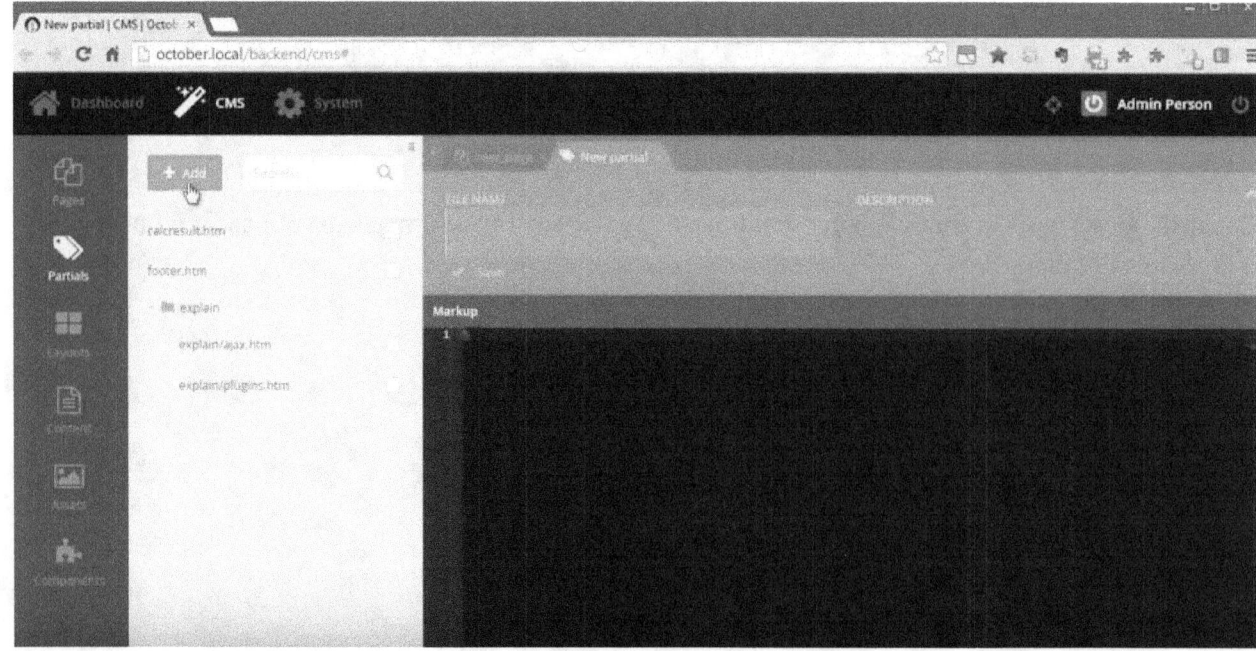

Нажимаем на кнопочку add и добавляем следующий код.

И укажем то, что это у нас будет menu – сохраняемся.

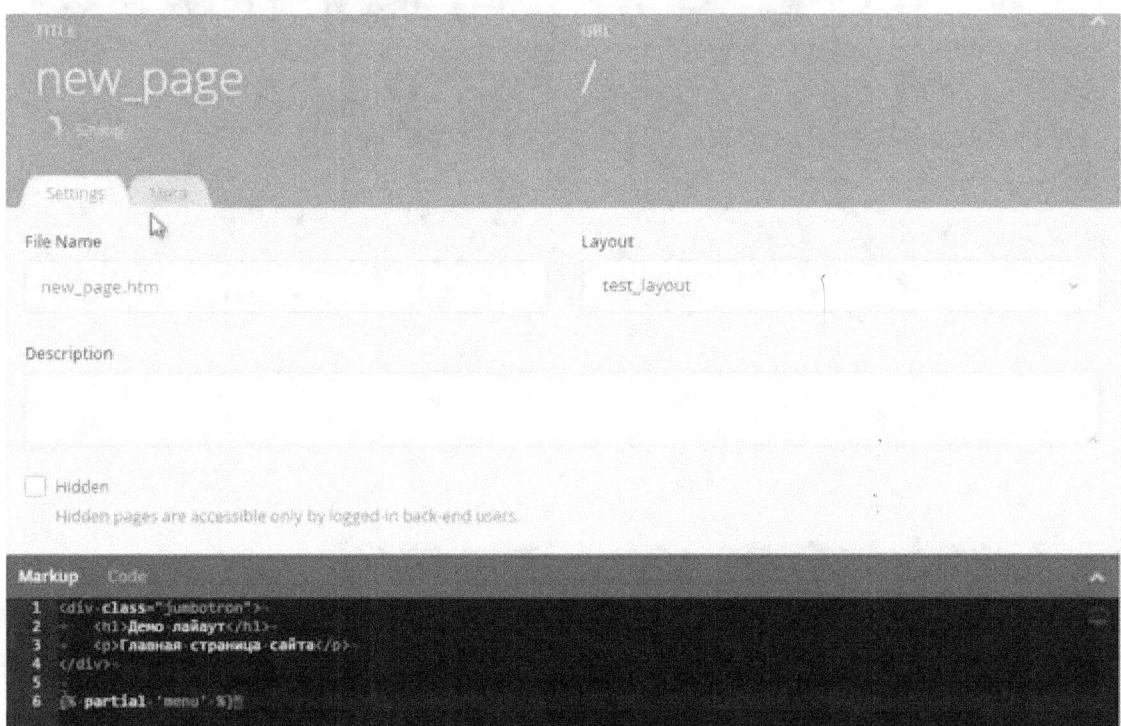

Теперь это menu у нас создано, но оно у нас нигде не выявиться пока мы это не укажем.

Указывать мы будем на нашей страничке new page. И давайте для примера здесь и укажем.

Итак, указываем то, что мы здесь будем использовать partial, и наш кусок кода именуется как menu - сохраняемся. И давайте, посмотрим, что у нас получилось.

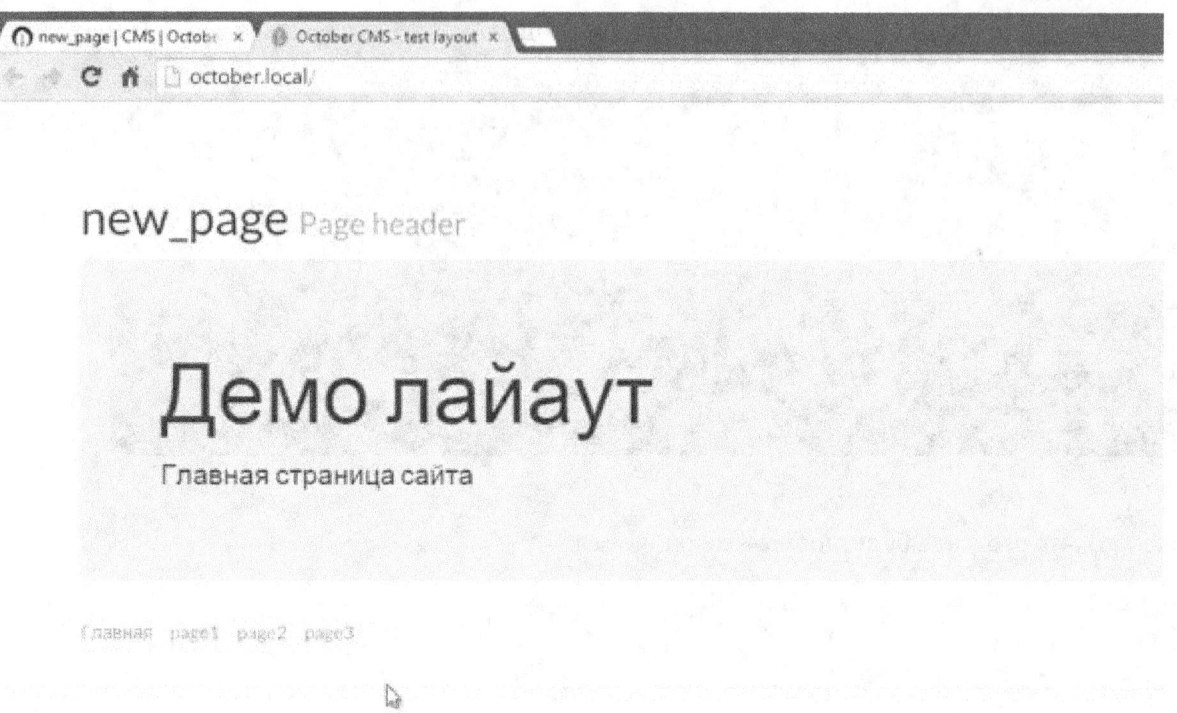

Нажимаем preview и видим наш кусок кода как раз здесь и вставился. Давайте, посмотрим исходный код страницы.

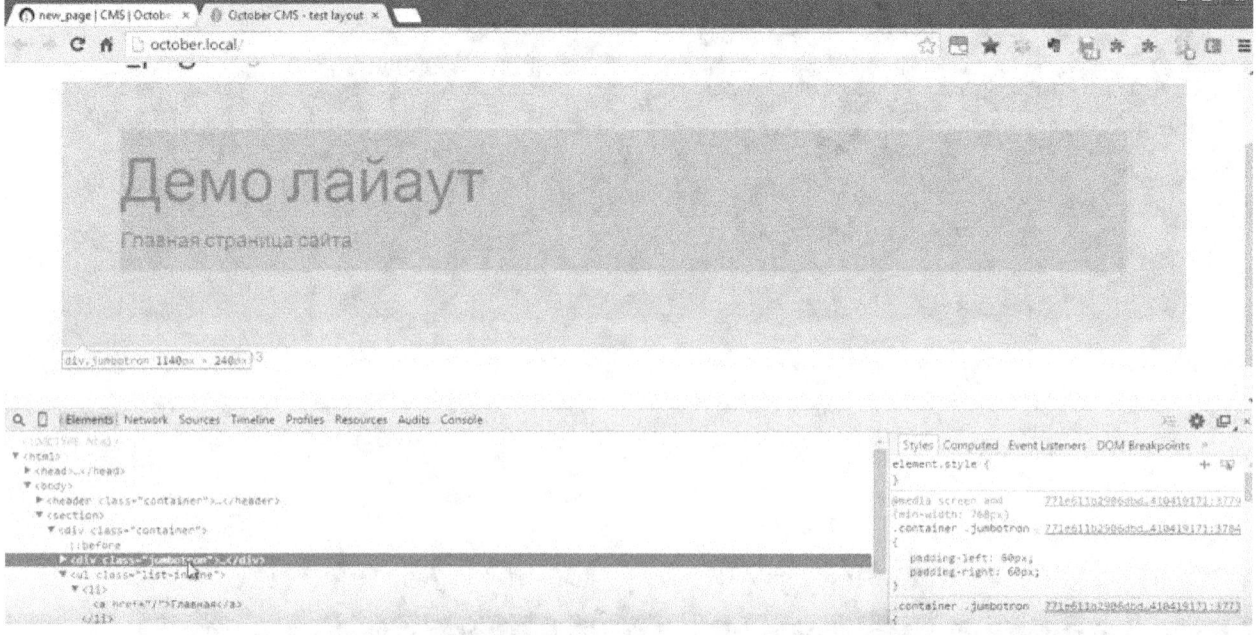

Вот сразу после нашего div на страничке, на нашей главной страничке идет у нас наш partial — menu.

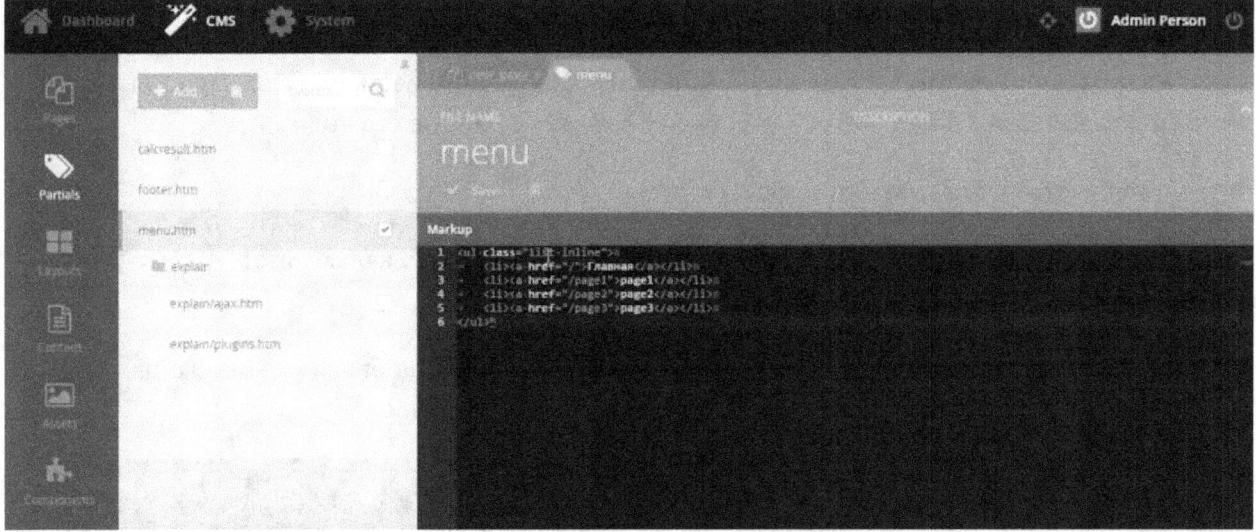

Вот он <ul – class = "list-inlane"> и здесь смотрим тоже идет <ul – class = "list-inlane">.

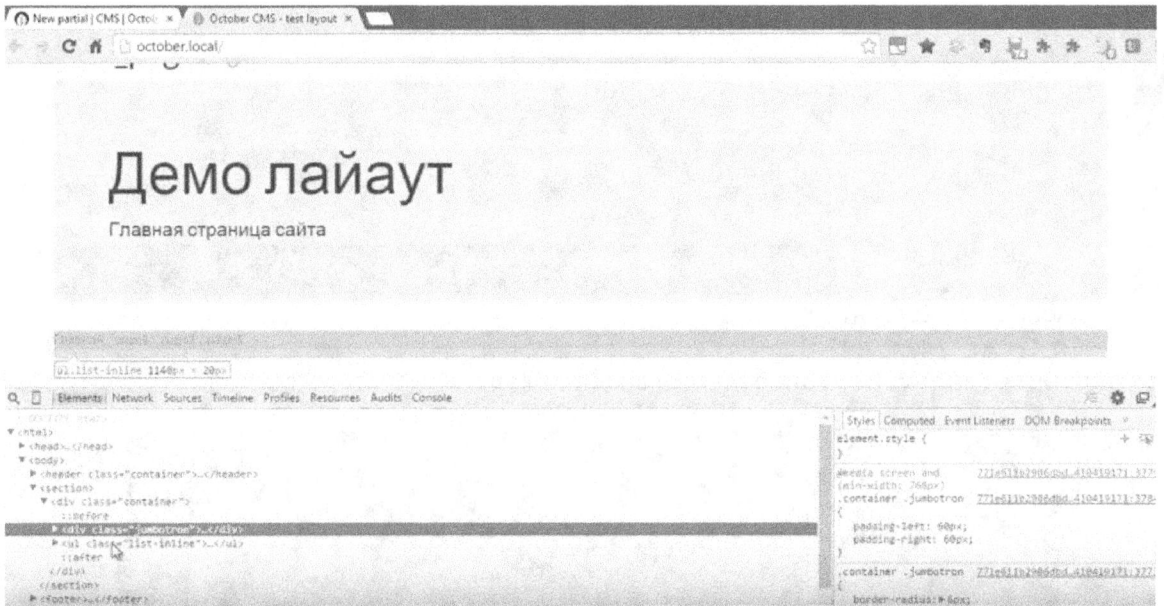

1.6. Работа с AJAX (Создание Калькулятора)

Итак, друзья. Продолжаем осваивать October CMS. И в этом видео мы научимся работать с ajax-запросами, средствами, самой CMS.

Для того, чтобы активировать такую возможность, нам на самой странице потребуется подключить библиотеку CMS для осуществления, так сказать, работы ajax.

Это делается очень просто с помощью такой волшебной строчки. В такую строку проще всего добавить layout, как я и сделал в нашем тестовом layout, в самом низу добавил.

Либо если Вам повсюду эта строчка не нужна, а нужна на какой-то определенной странице, можно в любом месте самой страницы эту строчку добавить.

Тем самым мы подключим библиотеку для осуществления работы с ajax-ом, средствами CMS.

Далее мы создадим тестовую страничку, в которой мы будем осуществлять ajax-запросы. Но для этого сначала в нашем partial-меню мы добавим ссылку на данную страничку.

Страничка будет у нас называться «Calc».

И мы осуществим то, что уже у нас по умолчанию тестовая есть. Это калькулятор. Ajax-калькулятор. Мы сейчас его воспроизведем своими руками.

Теперь давайте создадим саму эту страничку. Переходим к Pages, добавляем новую страничку, называется она у нас будет «Calc» и будет находиться по адресу /calc.

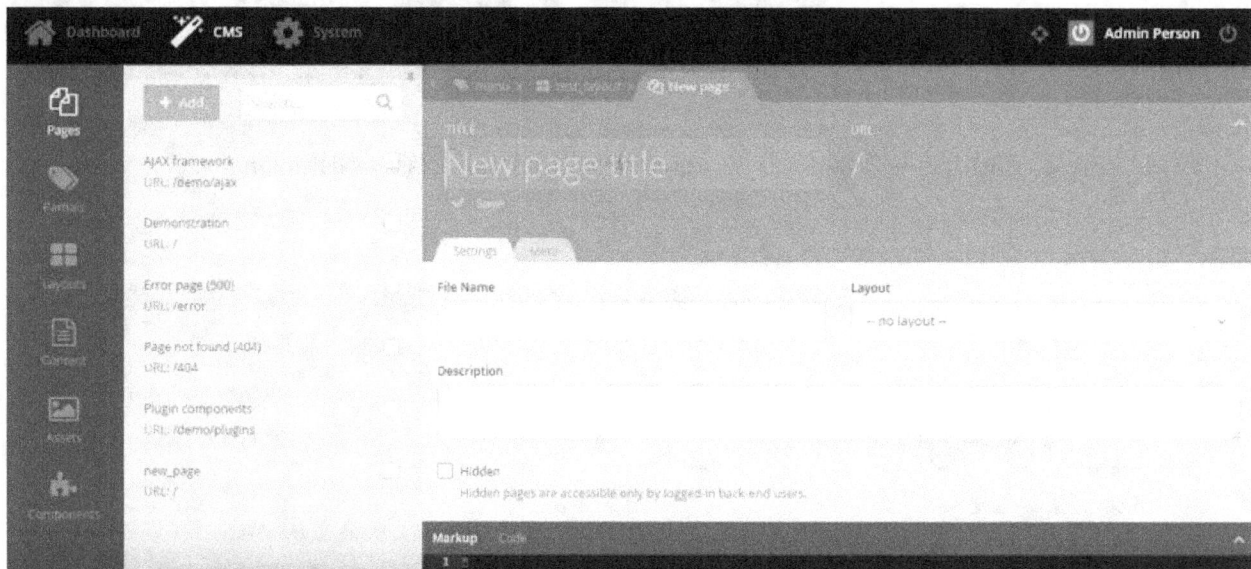

Layout мы укажем свой – test_layout.

Давайте заполним ее кодом. Пока это будет только html-код.

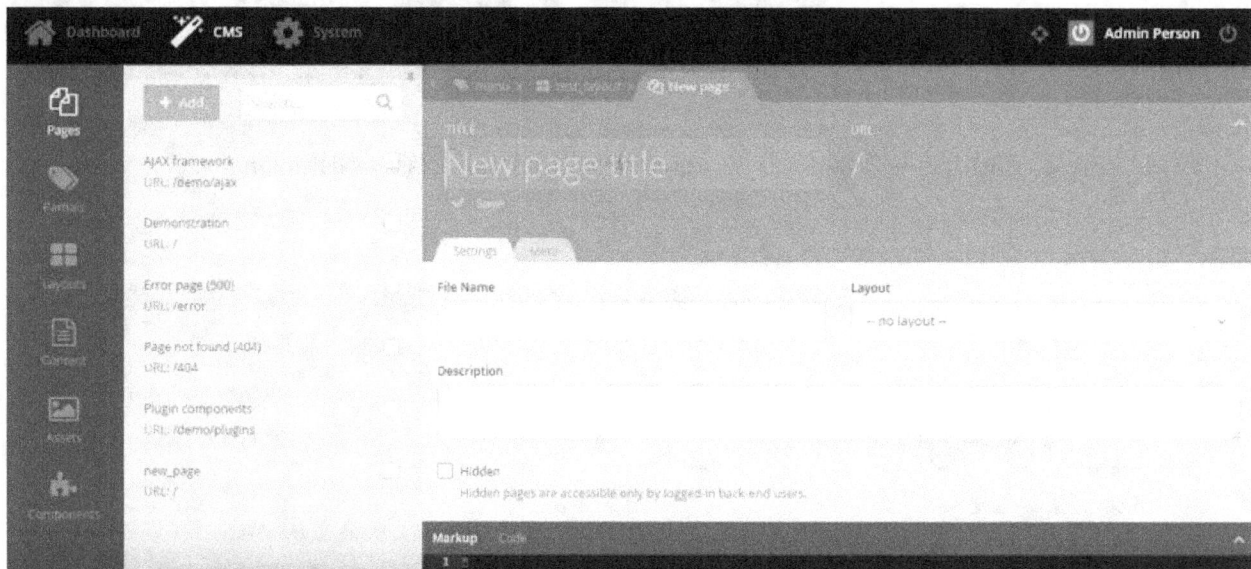

Итак, что мы здесь видим – заголовок. Далее идет форма, в которой есть два замечательных параметра – это data-request. Здесь будет имя функции «onTest». Мы ее создадим вскоре. Далее, следующий параметр «data-request-update». Что это означает?

data-request – уже ясно из названия – это то, откуда и куда мы будем обращаться, чтобы получить ajax-данные. То есть какие-то данные мы будем туда передавать, соответственно, данная функция будет нам что-то возвращать. И данная функция, это onTest-функция, PHP-функция. И именно туда наша форма будет отправлять по запросам данные с текущей формы. И, соответственно, когда данная функция нам что-то вернет, то следующим параметром data-request-update мы говорим какой html-блок нам нужно обновить. Здесь мы указываем первым параметром это нашу partial и указываем идентификатор – куда нам следует положить определенные данные. Как мы видим ниже, как мы видим ниже, у нас здесь внизу идет подключение partial, который именуется точно также «calcres», как и здесь. Здесь как раз этот partial мы и указываем, что именно в нем мы будем производить обновление.

Далее идут поля нашего калькулятора. Это поле input, затем выпадающий список операций: плюс, минус, умножить, разделить. Еще одно поле input и затем кнопочка «type submit», с помощью которой мы будем делать ajax-запросы.

Теперь давайте создадим наш новый partial calcres. Так, сохраняемся.

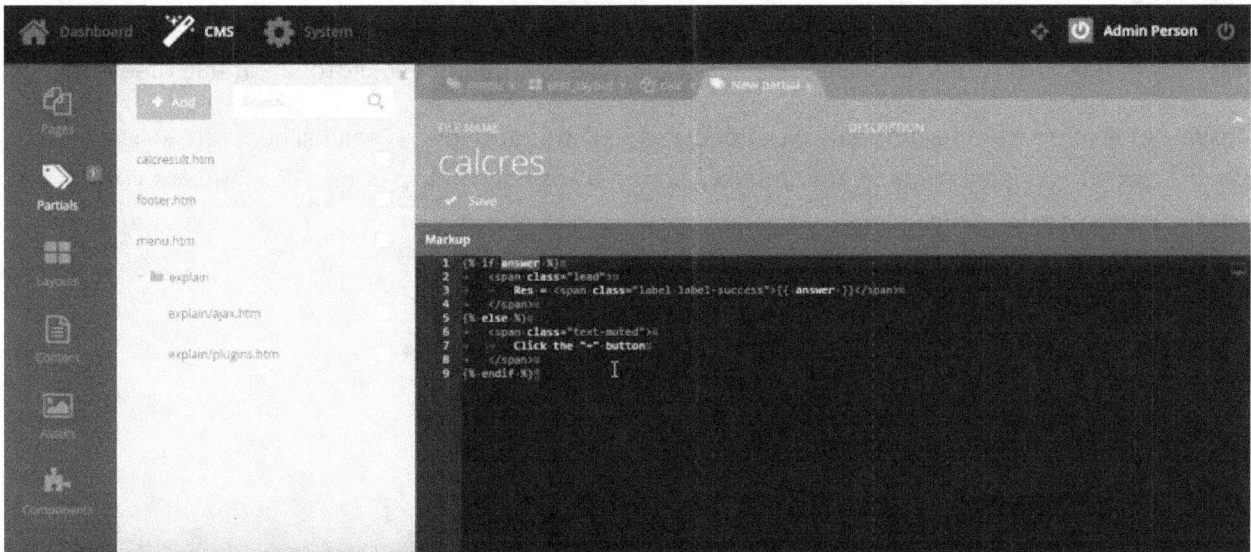

Перейдем в меню partial, добавим add, назовем calcres и заполним следующим кодом. Если у нас переменная answer существует и что-то она у нас имеет, то, соответственно, мы будем вводить этот блок кода, в которой мы и выведем значение переменной answer. В противном случае мы выведем этот блок кода, в котором просто-напросто напишем, что чтобы что-то получить в нашем калькуляторе, нужно нажать на кнопочку равенства. А кнопочка равенства – это, как Вы помните, это у нас button submit. Итак, сохранили.

С html-кодом у нас все ясно, все понятно. Теперь нам осталось написать функцию, которая будет обрабатывать нашу операцию подсчета.

Переходим на страничку calc и здесь мы видим этот блок Markup. Это как раз наш html-блок. И есть у нас блок Code. Переходим в блок Code и здесь мы напишем нашу функцию onTest.

Вот она наша функция onTest. Что она делает? Принимаем переменную value1 - post параметр value1. Берем value2 – post параметр value2. Точно также заполняем operation из post-запроса. И с помощью простого switch мы выполняем математическую операцию, которая от нас требуется.

Результат выполнения мы помещаем в переменную «this answer». И как Вы помните мы уже в самом шаблоне обращаемся не this answer, а просто answer. Итак, давайте сохранимся и посмотрим что у нас получилось.

Нажимаем «Preview», переходим на страницу калькулятора.

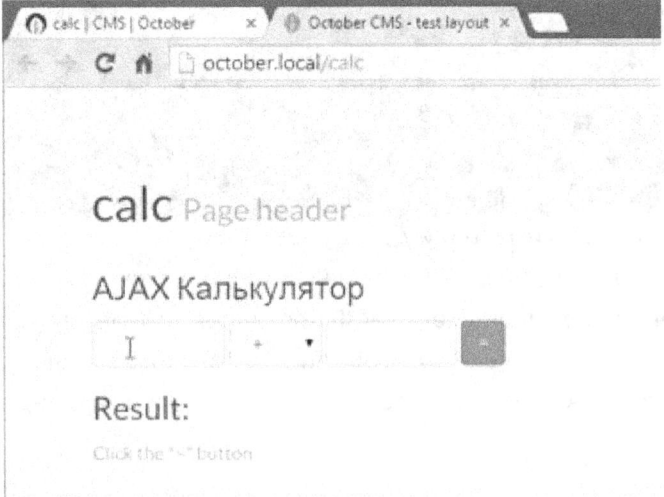

Давайте здесь напишем 1, здесь напишем 2.

1+2 нажимаем на равенство. Ушел запрос. И получили результат 3.

calc Page header

AJAX Калькулятор

| 1 | - ▾ | 2 | ■ |

Result:

Res = **3**

Сделаем «минус» - минус 1.

calc Page header

AJAX Калькулятор

| 1 | - ▾ | 2 | ■ |

Result:

Res = **-1**

Давайте посмотрим исходный код страницы.

```
<body>

        <header class="container">
                <h1>calc <small>Page header</small></h1>
        </header>

        <section>
                <div class="container">
                        <h3>AJAX Калькулятор</h3>

<form class="form-inline" data-request="onTest" data-request-update="calcres: '#result'">
        <input type="text" name="value1" value="" class="form-control" style="width:100px;">
        <select name="operation" class="form-control" style="width:70px">
                <option>+</option>
                <option>-</option>
                <option>*</option>
                <option>/</option>
        </select>

        <input type="text" name="value2" value="" class="form-control" style="width:100px;">
        <button type="submit" class="btn btn-primary">=</button>
</form>

<h3>Result:</h3>
<div id="result">
                <span class="text-muted">
                Click the "=" button
        </span>
</div>                </div>
        </section>

        <footer>
                <hr>
                <p>Footer</p>
        </footer>


        <script src="/combine/6135f3b5885bbe5ba1237bf9b9c28be2-1410419171"></script>
```

И здесь мы, в самом низу, если прокрутим, увидим то, что, как Вы помните, эта строка у нас подключилась к jquery. И вот наш ajax framework подключился. То есть стандарт...родная библиотека октября для вот таких операций.

Давайте еще раз пробежимся по тем изменениям, которые мы сделали, потому что изменений было много. И для того, чтобы у нас сложилось четкое понимание, что мы вообще делали.

Итак, первым делом мы в нашем layout добавили нашу библиотеку октября таким вот способом.

Указали то что мы добавляем framework. И этой наш framework для работы с ajax-ом. Причем без знаний js, без самого js. Ну не без знаний, а без самого js. js мы не использовали, знания нужны.

Итак, далее в меню мы сделали нашу страничку.

Чтобы с главной страницы мы могли перейти на страницу калькулятора. Затем мы создали страничку калькулятора, заполнили ее html-кодом.

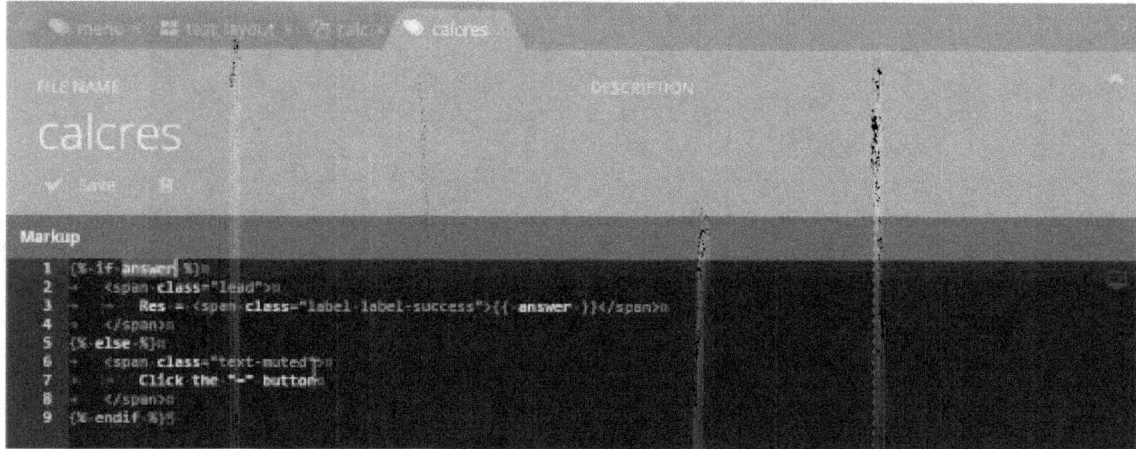

```
1   <h3>AJAX Калькулятор</h3>
2
3   <form class="form-inline" data-request="onTest" data-request-update="calcres: '#result'">
4       <input type="text" name="value1" value= class="form-control" style="width:100px;">
5       <select name="operation" class="form-control" style="width:70px">
6           <option>+</option>
7           <option>-</option>
8           <option>*</option>
9           <option>/</option>
10      </select>
11
12      <input type="text" name="value2" value="" class="form-control" style="width:100px;">
13      <button type="submit" class="btn btn-primary">=</button>
14  </form>
15
16  <h3>Result:</h3>
17  <div id="result">
18      {% partial 'calcres' %}
19  </div>
```

В форме мы указали два новых параметра октября – это data-request и data-request-update. data-request говорит нам, с помощью какой функции мы будем получать данные, обрабатывать данные, отправленные данной формой и куда эти данные мы потом будем вставлять. Говорим с помощью параметра data-request-update. В data-request-update мы сначала указываем наш Parchal и затем идентификатор.

Внизу мы подключаем наш partial, вот он – calcres, и вот наш идентификатор – result. Так же мы создали наш этот partial, вот он, calcres.

```
1   {% if answer %}
2       <span class="lead">
3           Res = <span class="label label-success">{{ answer }}</span>
4       </span>
5   {% else %}
6       <span class="text-muted">
7           Click the "=" button
8       </span>
9   {% endif %}
```

И здесь мы проверяем переменную answer. Переменная answer, как Вы помните, она у нас создавалась вот здесь в блоке кода. Вот здесь мы ее и создавали, когда выполняли операцию. Математическую операцию.

```php
function onTest(){
    $value1 = post('value1');
    $value2 = post('value2');
    $operation = post('operation');

    switch($operation) {
        case '+':
            $this['answer'] = $value1 + $value2;
            break;
        case '-':
            $this['answer'] = $value1 - $value2;
            break;
        case '*':
            $this['answer'] = $value1 * $value2;
            break;
        case '/':
            $this['answer'] = $value1 / $value2;
            break;
    }
}
```

После выполнения форма получала...не форма получала, а страница получала определенные данные и уже передавала ее сюда.

```html
<html>
    <head>
        <title>October CMS - test layout</title>
        <link href="{{ [
            'assets/css/theme.css'
        ]|theme }}" rel="stylesheet">
    </head>
    <body>

        <header class="container">
            <h1>{{ this.page.title }} <small>Page header</small></h1>
        </header>

        <section>
            <div class="container">
                {% page %}
            </div>
        </section>

        <footer>
            <hr>
            <p>Footer</p>
        </footer>

        <script src="{{ [
            'assets/javascript/jquery.js'
        ]|theme }}"></script>
```

Это делает за нас CMS-овский framework, ajax-овский framework.

Если answer у нас инициализирован, то мы выводим его на экран — результат выполнения функции onTest, функции калькулятора, в противном случае, если не инициализирован, если мы только пришли на страничку, мы сообщаем, что для того, чтобы все заработало, нужно нажать на кнопочку равенства.

Спасибо за просмотр, с Вами был Дмитрий.

1.7.   Использование компонент

И так, в этом видео мы научимся использовать компоненты в смс October. В предустановленном October у нас имеется на текущий момент одна компонента todo лист, тестовая такая.

Теперь давайте посмотрим, каким образом мы сможем ее использовать. Для этого мы создадим новую страничку add pages, назовем ее todo.

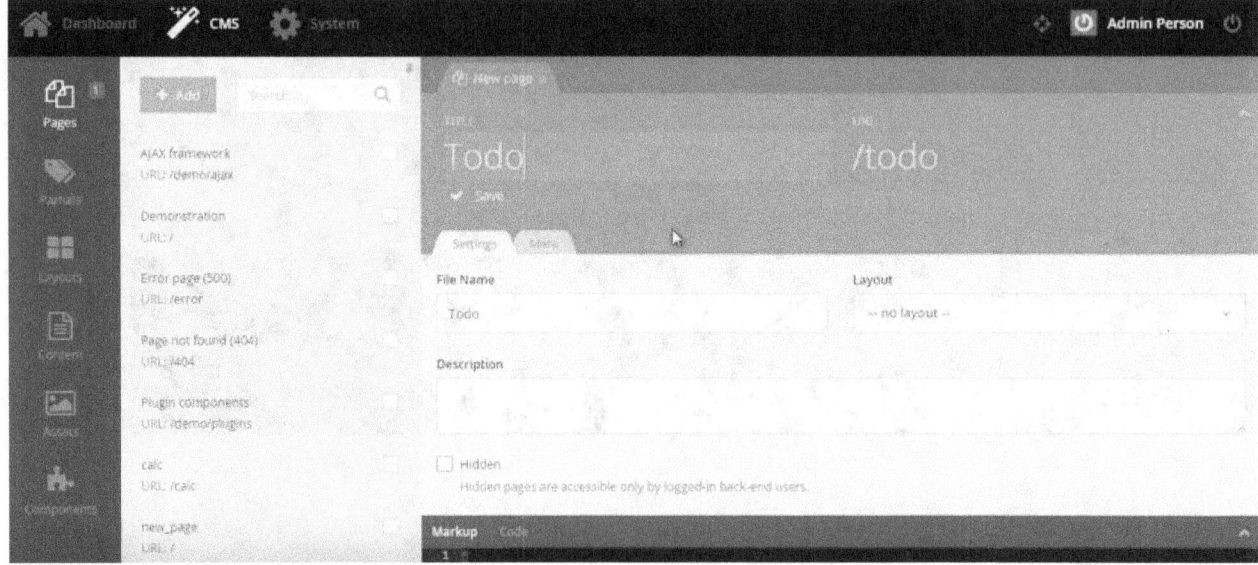

Перейдем на страничку компонента и добавим данный компонент к данной странице.

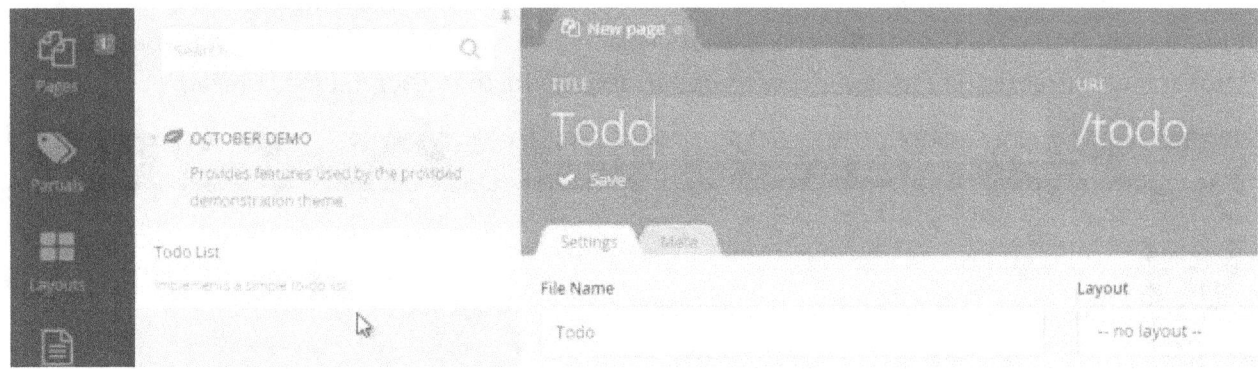

Единичным кликом.

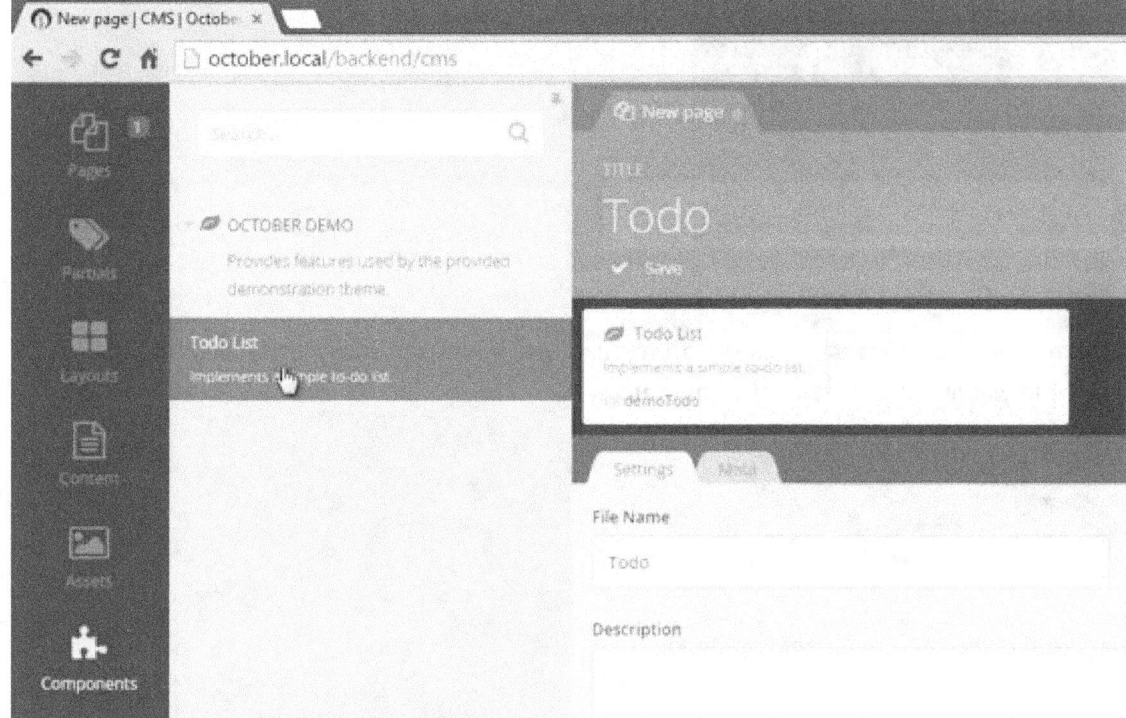

При двойном клике второй добавляется.

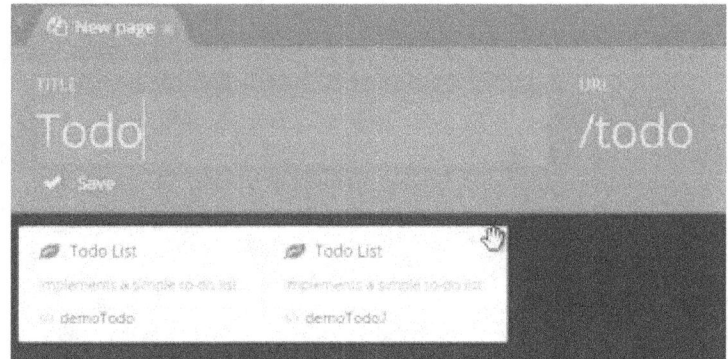

Если мы кликнем левой кнопкой мыши по самому компоненту, то здесь мы можем задать ему имя.

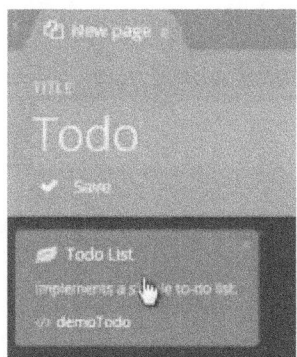

Пусть у нас останется demo todo.

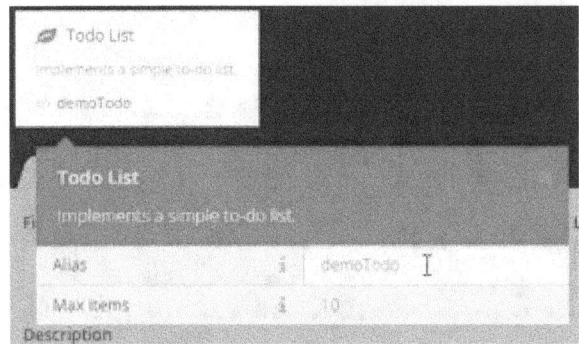

И именно для этого компонента мы можем задать, сколько у нас, так сказать задач может быть. В данном случае - по умолчанию 10. Давайте поставим 5.

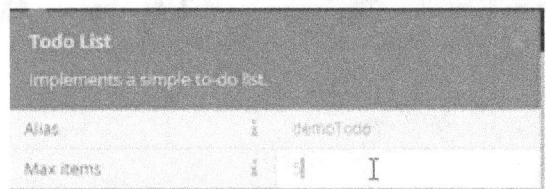

И сохраняем данную страницу, делаем привью.

Ничего мы не увидели, все правильно. Не увидели по двум причинам.

Первая причина – это то, что мы на самой странице не задали, где данный компонент будет отображаться.

Вторая причина — даже если бы мы задали, он бы у нас не работал. Так как мы не указали ему layout, так как у нас находился бы алеес framework.

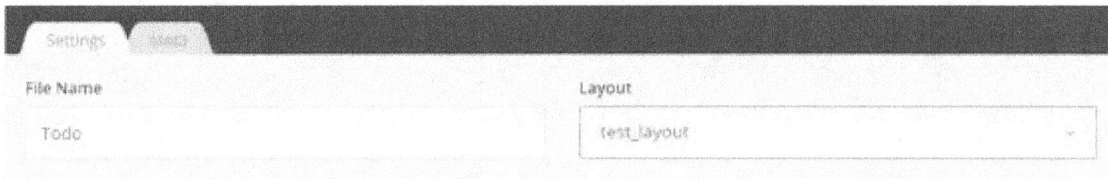

И так, для того, чтобы подключить к компоненту в данном случае todo лист. Мы делаем следующее. Пишем компонент и в кавычках указываем его имя. Имя, которое мы задали здесь demo todo. И задаем layout, в котором у нас есть подключенный механизм аякса от CMS. Сохраняемся и обновляем страницу.

Вот у нас появилась «тудушка». Давайте посмотрим ее работоспособность.

Добавили элемент, добавили элемент 2, третий, четвертый пошел, пятый. Давайте посмотрим - добавит он шестой или нет.

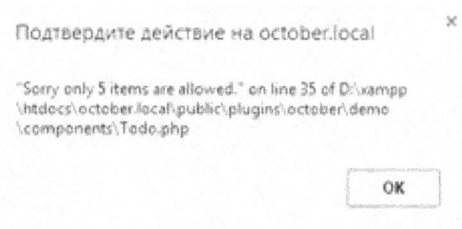

Шестой добавить не может. Всего, говорит, у вас можно пять добавить. Вот, собственно, и все. Спасибо за просмотр.

1.8. Авторизация пользователей

Продолжаем изучать October CMS. В этом видео мы научимся с вами делать авторизацию пользователей.

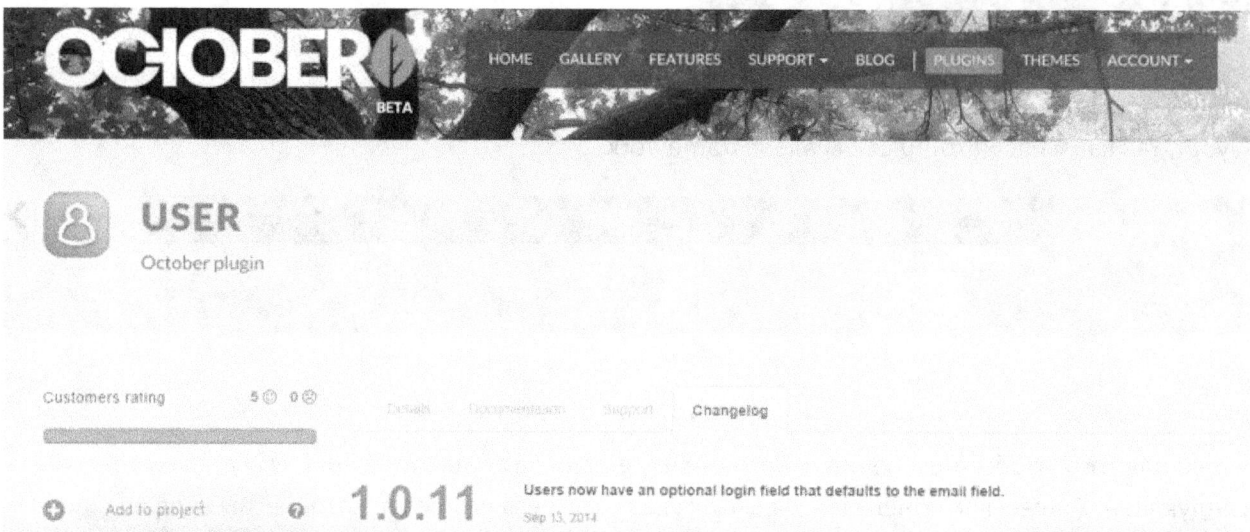

Для того, чтобы это реализовать, нам потребуется использовать плагин USER. Давайте перейдем в нашу админку.

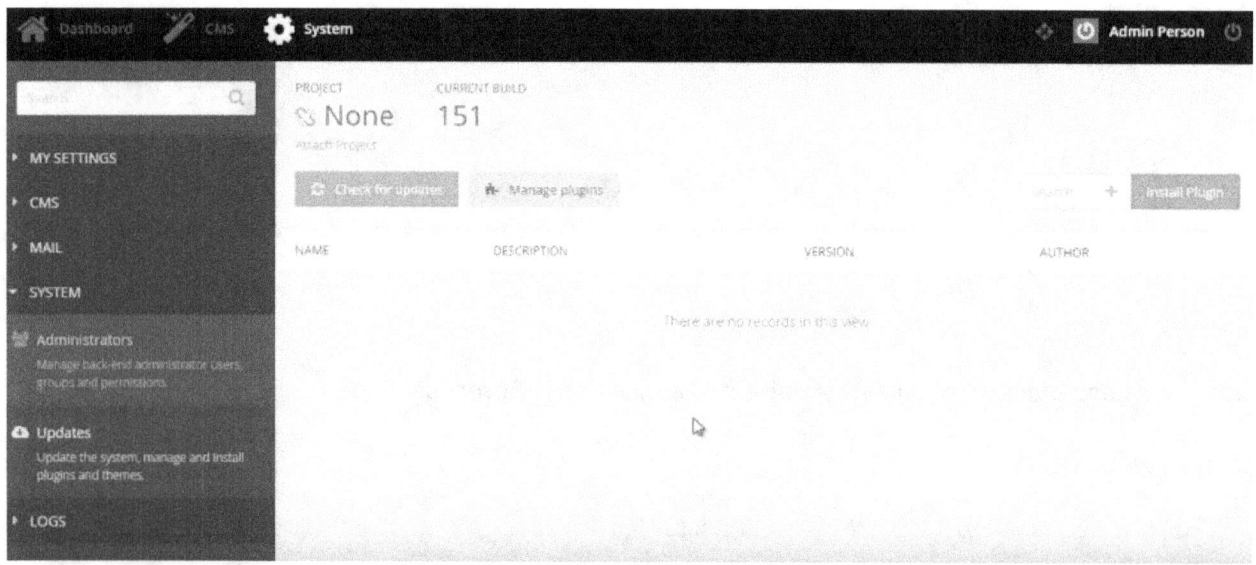

Я сейчас нахожусь в System и Updates. Здесь нам потребуется установить данный плагин. Пишем название плагина Rainlab.user и нажимаем на кнопку Install plagin.

Идет поиск плагина и сразу скачивание и установка его.

Итак, плагин успешно установлен.

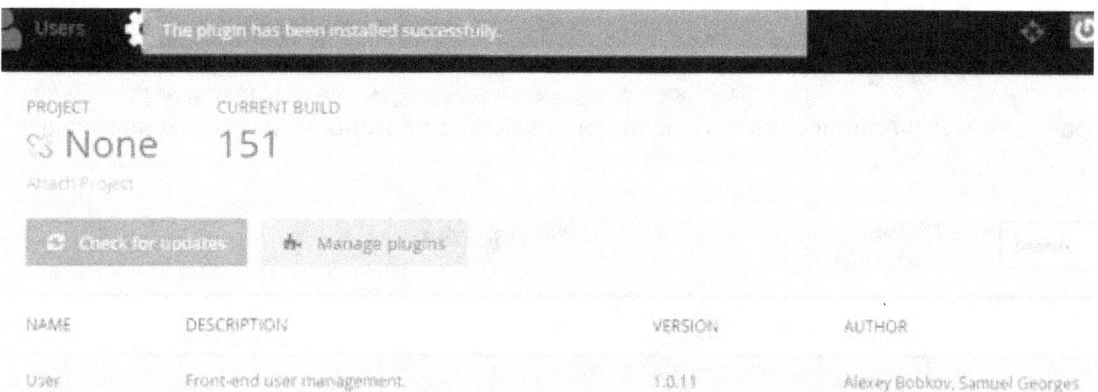

Теперь нам потребуется создать страничку и на новой странице использовать данный плагин. Переходим в CMS, Pages и добавляем новую страничку, назовем ее Account.

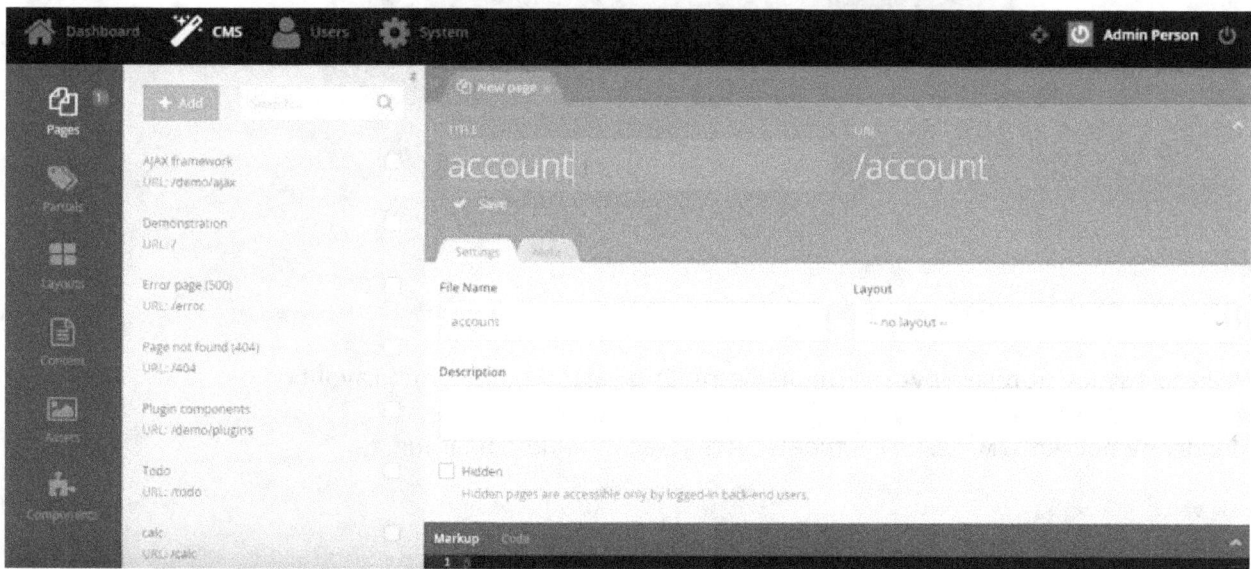

Далее, переходим в Компоненты, User и добавляем наш аккаунт, переносим его в Page.

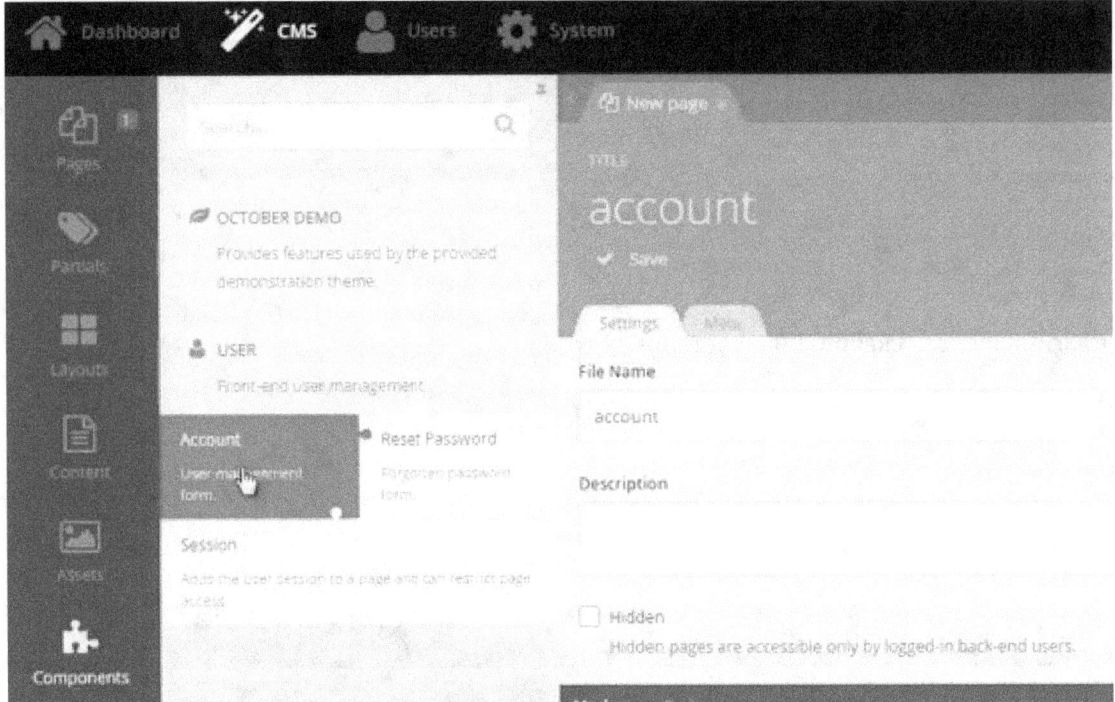

Здесь у нас сразу автоматически появилось добавление данного плагина, ну и, собственно, наш плагин тоже указан здесь.

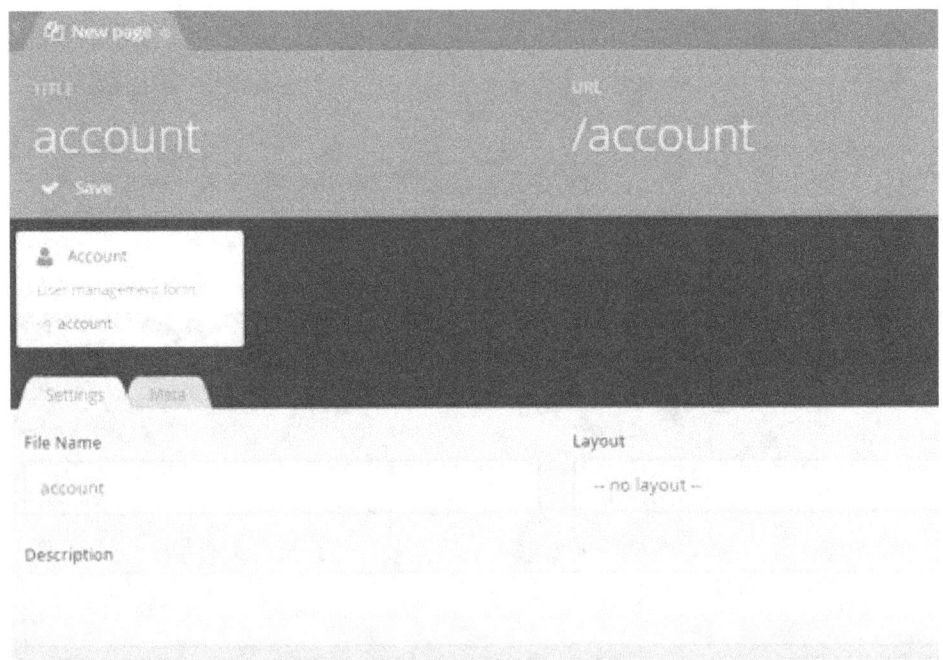

Укажем Layout, который будем использовать. Это у нас будет Default Layout.

И давайте посмотрим, какие настройки есть у нас у данного плагина.

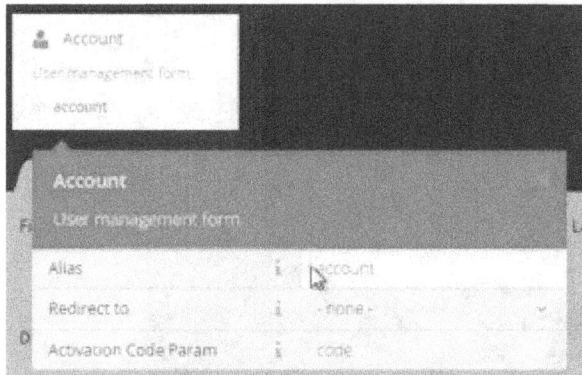

Alias, который мы будем использовать в коде, куда нас редиректить после регистрации или авторизации, сейчас никуда не будет редиректить, и код активации, параметр, как будет именоваться.

Также я поменял немного шаблонный Layout Default.

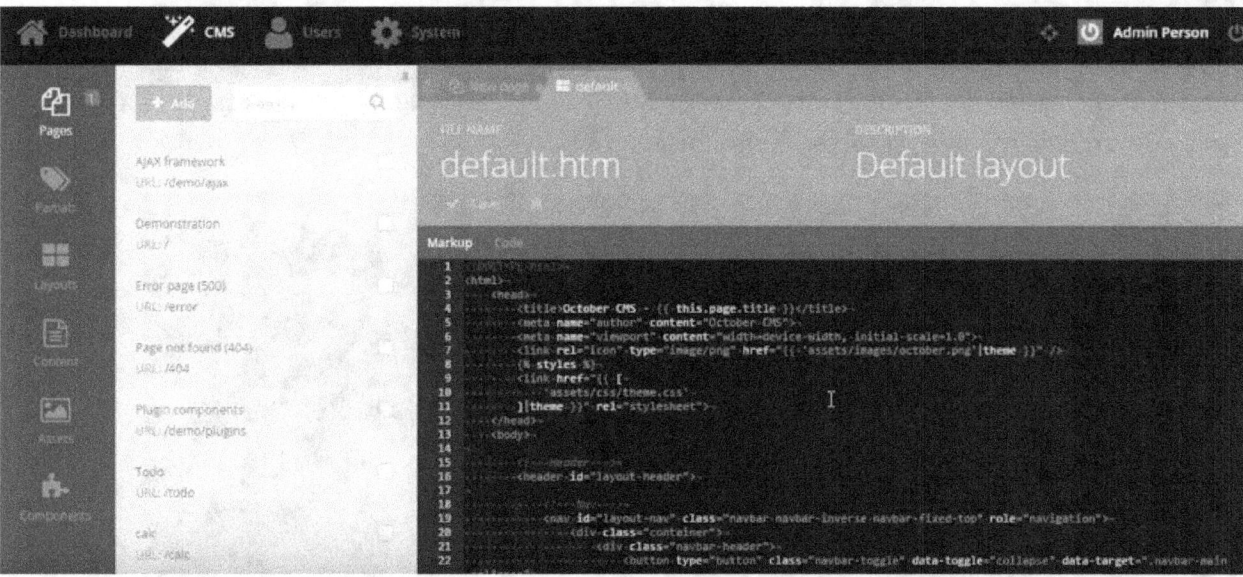

Что мы здесь сделали?

```
33                              <li class="{% if this.page.id == 'ajax' %}active{% endif %}"><a href="{{ 'ajax'|page }}
     >AJAX framework</a></li>
34                              <li class="{% if this.page.id == 'plugins' %}active{% endif %}"><a href="{{ 'plugins'|page
     }}">Plugin components</a></li>
35                          </ul>
36                      </div>
37                  </div>
38              </nav>
39          >
40      </header>
41
42      <!--Content-->
43      <section id="layout-content">
44          <div class="jumbotron">
45              <div class="container">
46                  <h1>{{ this.page.title }}</h1>
47                  <p>{{ this.page.description }}</p>
48              </div>
49          </div>
50          <div class="container">
51              {% page %}
52          </div>
53      </section>
```

Здесь я сделал вывод в двух div-ax тег H1 Page Title и Page Description вывел, а сам Page я тоже вывожу в отдельном div-е с классом Контейнер.

```
22              <button type="button" class="navbar-toggle" data-toggle="collapse" data-target=".navbar-main
     -collapse">
23                  <span class="sr-only">Toggle navigation</span>
24                  <span class="icon-bar"></span>
25                  <span class="icon-bar"></span>
26                  <span class="icon-bar"></span>
27              </button>
28              <a class="navbar-brand" href="{{ 'home'|page }}">October Demo</a>
29          </div>
30          <div class="collapse navbar-collapse navbar-main-collapse">
31              <ul class="nav navbar-nav">
32                  <li class="{% if this.page.id == 'home' %}active{% endif %}"><a href="{{ 'home'|page }}"
     >Basic concepts</a></li>
33                  <li class="{% if this.page.id == 'ajax' %}active{% endif %}"><a href="{{ 'ajax'|page }}"
     >AJAX framework</a></li>
34                  <li class="{% if this.page.id == 'plugins' %}active{% endif %}"><a href="{{ 'plugins'|page
     }}">Plugin components</a></li>
35              </ul>
36          </div>
37      </div>
38      </nav>
39
40      </header>
```

Давайте изменим наше стандартное меню. Нам тренировочные наши элементы Меню более не нужны, давайте их удалим и добавим здесь свое. По аналогии с предыдущим меню здесь я создаю элемент списка, в котором у нас будет ссылка на страницу нашего аккаунта. Итак, теперь сохраняем все, что у нас получилось, new page нашу тоже сохраняем, и давайте теперь посмотрим на нее.

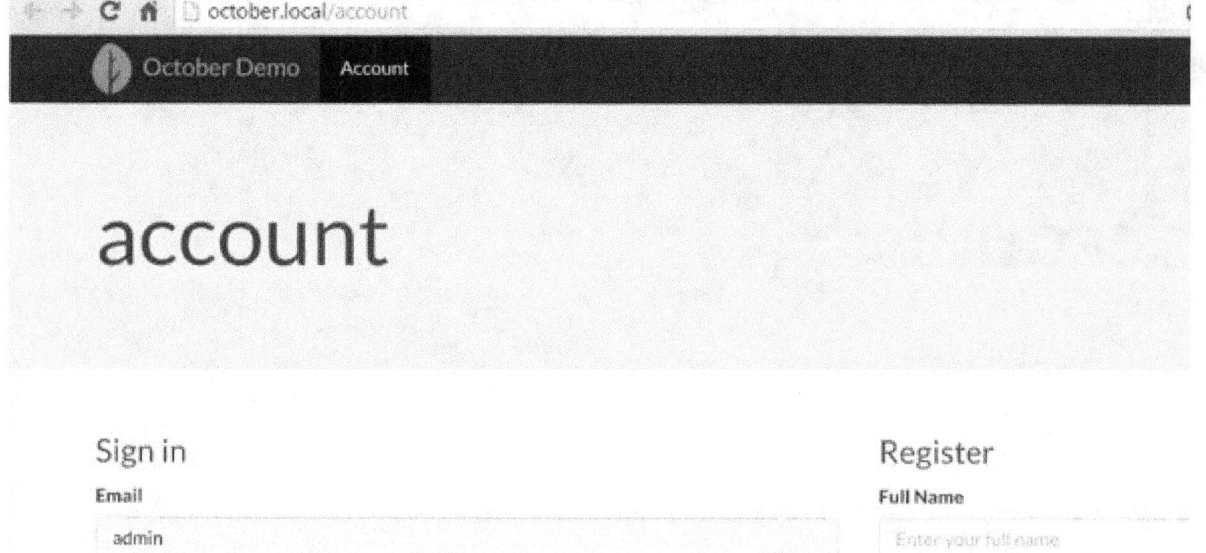

Давайте попробуем зарегистрироваться и затем авторизоваться. Full name у нас будет User, имейл будет User@test.ru, вводим пароль и нажимаем Регистрация.

Регистрация у нас прошла, но никакого редиректа не было, т.к. мы не указали, куда нас редиректить, поэтому мы обновляем страничку и попадаем на страницу пользователя, т.е. тот же самый URL.

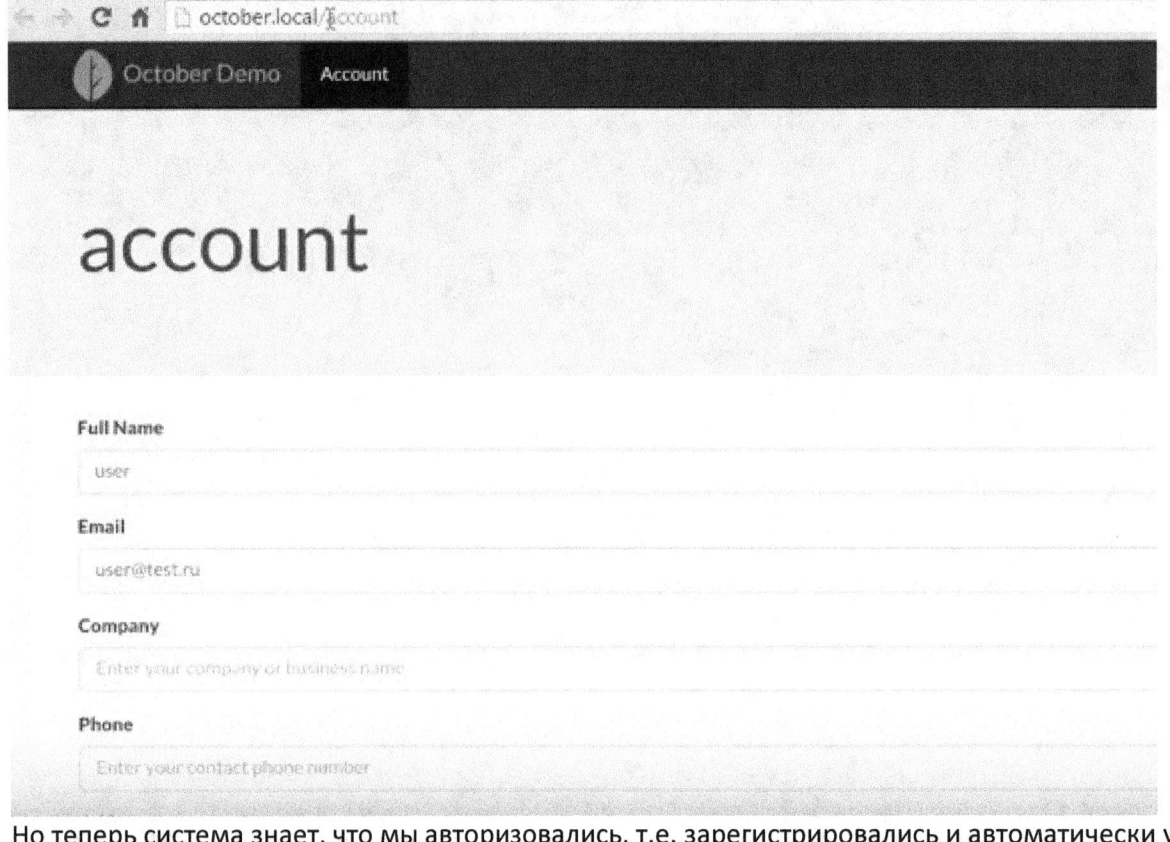

Но теперь система знает, что мы авторизовались, т.е. зарегистрировались и автоматически у нас произошла авторизация.

И мы видим страничку нашего пользователя, где можем менять данные пользователя.

Теперь давайте сделаем выход из системы Logout, и затем попробуем авторизоваться вновь.

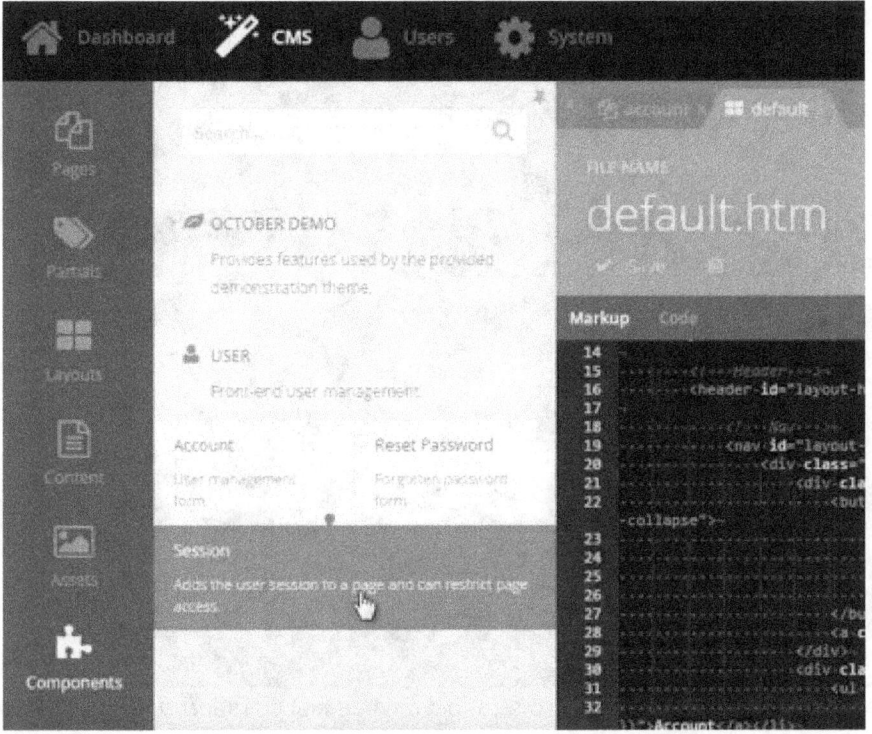

Переходим в CMS, переходим в наш Layout, далее нам нужны компоненты, User Components и здесь у нас есть Session, добавляем сюда Session.

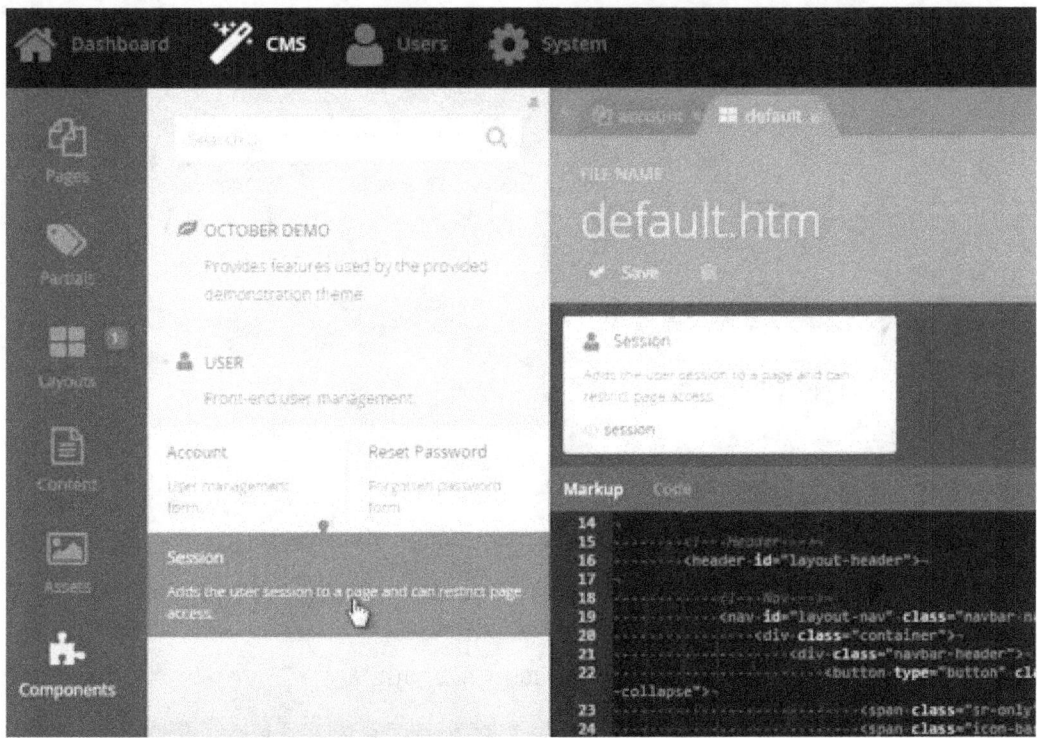

Идем ниже в наше Меню и добавляем следующий код.

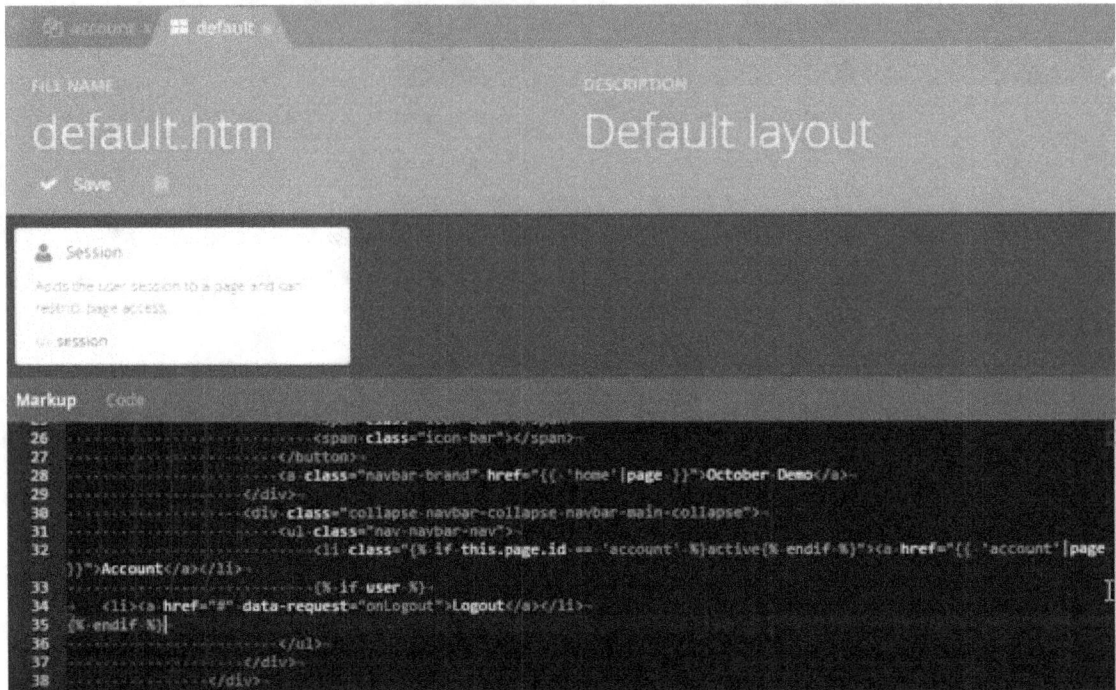

Что мы здесь видим? Если у нас есть переменная User, то в таком случае мы создаем элемент Меню, ссылочка, Аякс ссылка будет, Data Request, это то есть куда мы будем отправлять наш Аякс-запрос в методе onlogout. Метод уже реализован, в самом компоненте нам уже ничего

account

Full Name

user

Email

user@test.ru

Company

Enter your company or business name

Phone

Enter your contact phone number

реализовывать не придется. Ну, и собственно, текст данной ссылки, нажимаем save.

Переходим на нашу страничку. обновляем ее, и у нас появился logout.

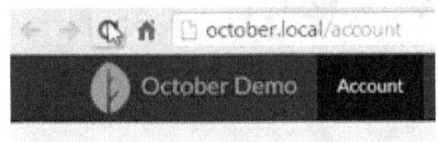

Давайте нажмем.

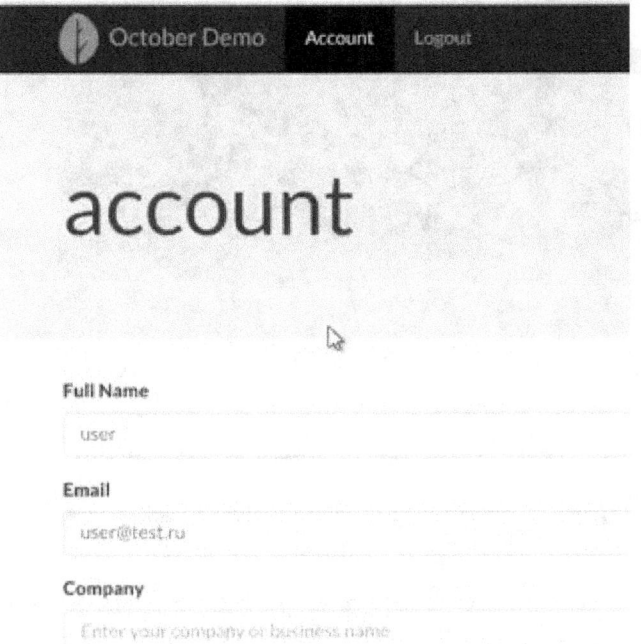

Произошел у нас logout, и система теперь знает то, что мы разлогинились.

Теперь давайте протестируем авторизацию, вводим емейл, который был у нас во время регистрации.

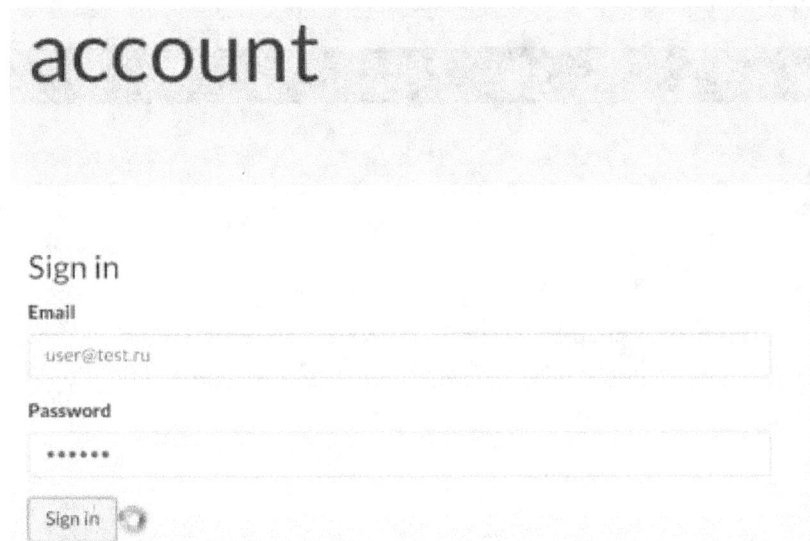

Это - User@test.ru, и вводим пароль. Мы на самом деле уже авторизовались только что, но т.к. бы не указали компоненту, куда нас редиректить, он никуда нас не средиректил, обновляем страничку и видим то, что система уже видим переменную User и нарисовала нам ссылочку logout. Всем спасибо за просмотр, с вами был Дмитрий и до встречи в следующем видео.

1.9. Создание блога

Приветствую вас, друзья! С вами Дмитрий. В этом видео мы будем создавать блог в "October CMS".

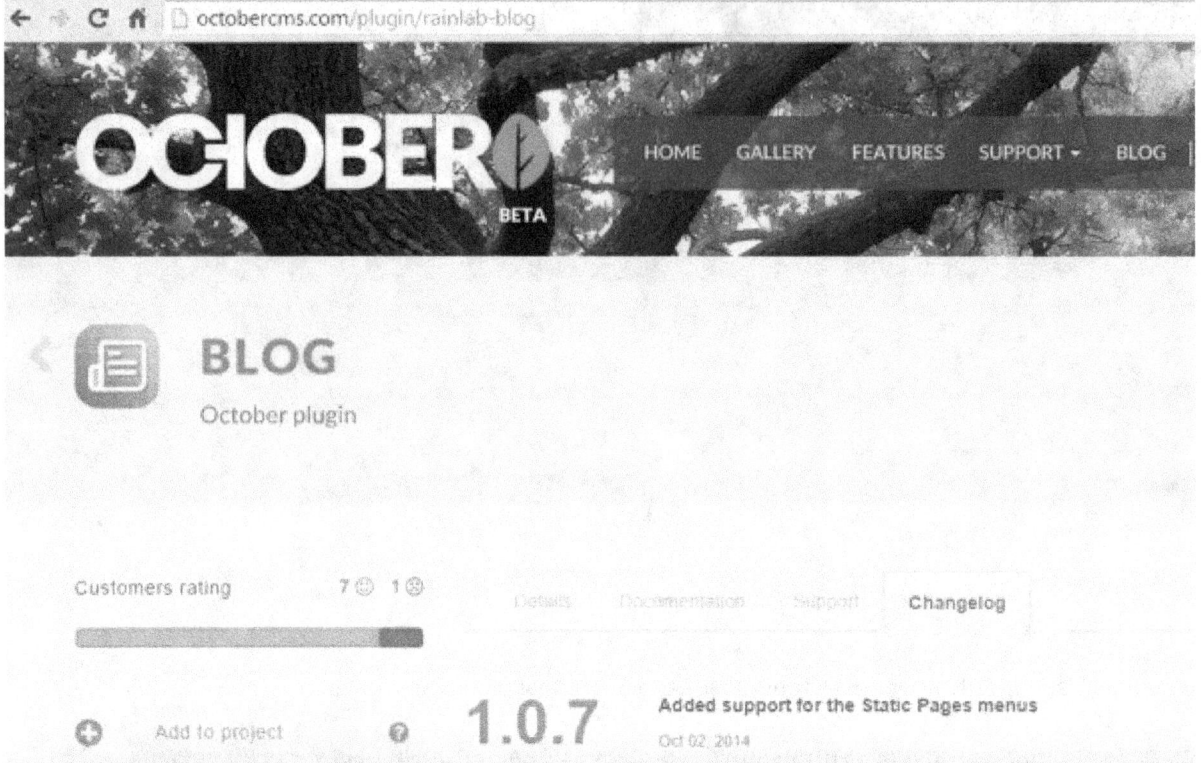

Для того, чтобы поднять блог, нам потребуется плагин blog от rainlab. Итак, переходим в нашу CMS, переходим во вкладку System-Updates.

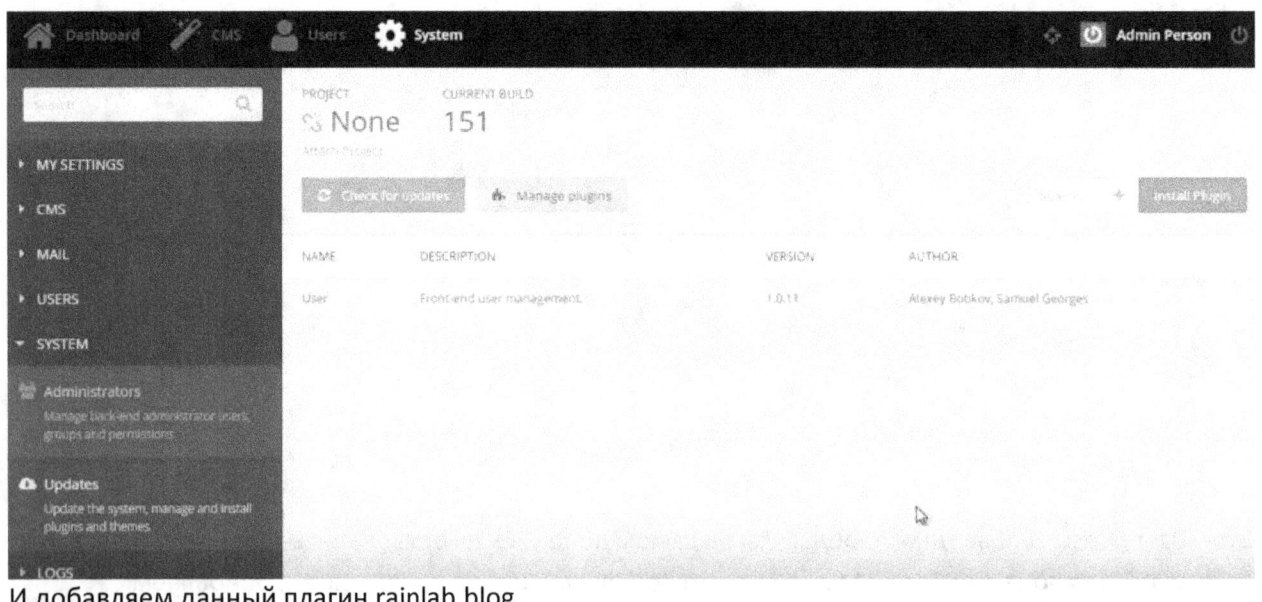

И добавляем данный плагин rainlab.blog.

Нажимаем Install Plugin

Устанавливаем плагин блога.

Итак, плагин успешно установлен.

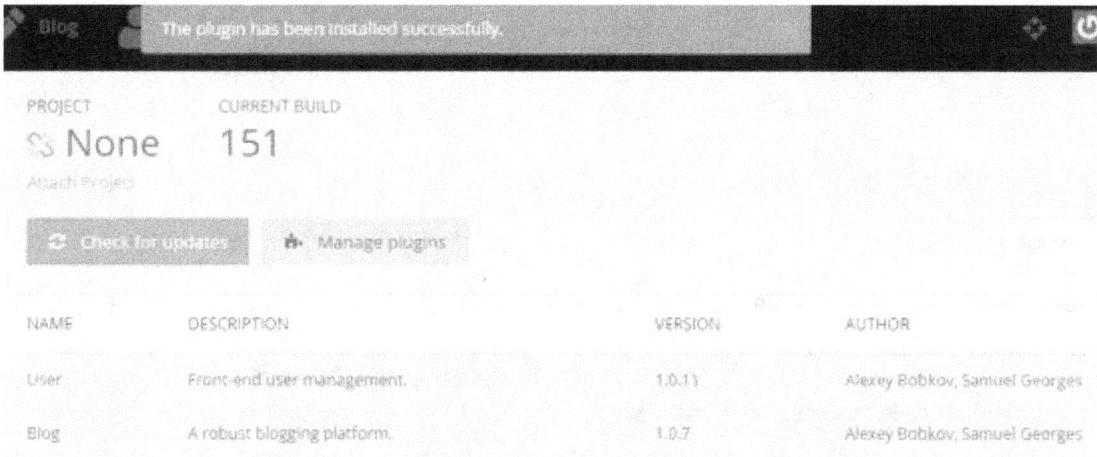

Давайте создадим текстовые странички и тестовые категории. Для этого у нас появилась вкладка "blog" в меню.

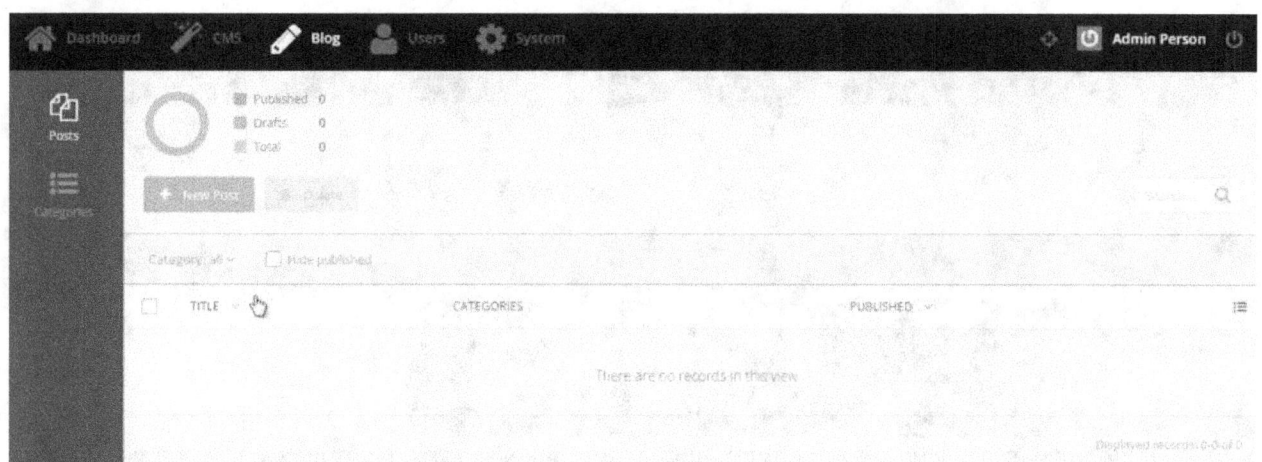

Переходим сюда, создадим категорию, нашу первую. Нажимаем кнопочку "New Category".

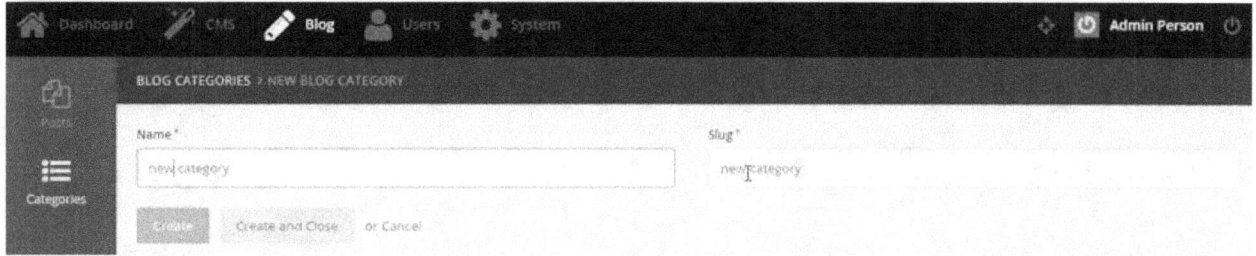

Пусть будет также имя "new category", имя с пробелом, а Slag у нас будет с тире, по умолчанию.

Одной нам достаточно, нажимаем "Create&Close".

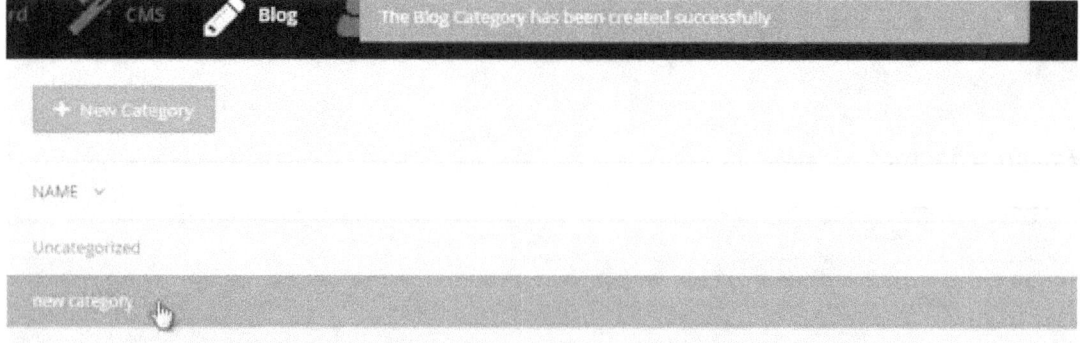

И у нас сейчас 2 категории.

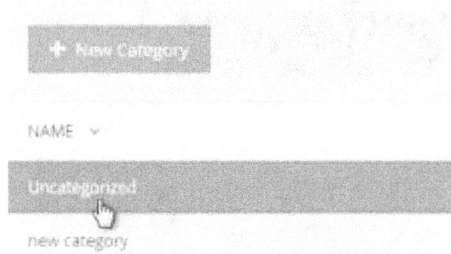

Одна наша новая категория и категория, которая именуется, как "Без категории" ("Uncategorized").

Создадим новые посты в нашем блоге.

Нажимаем "New Post", так и будет он у нас называться "new post".

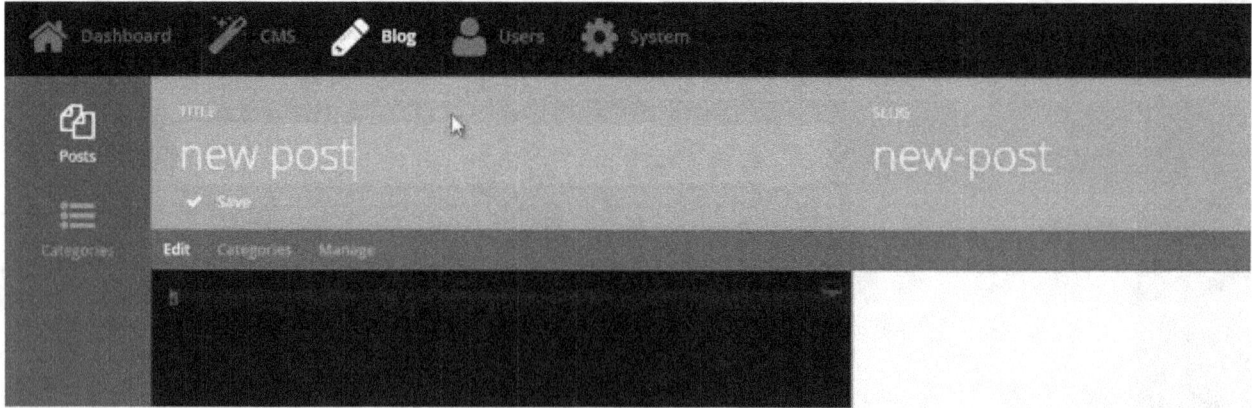

В title с пробелом, в slag у нас будет с тире, добавляем какой-то текст, тот же самый "new post" и присваиваем ему категорию.

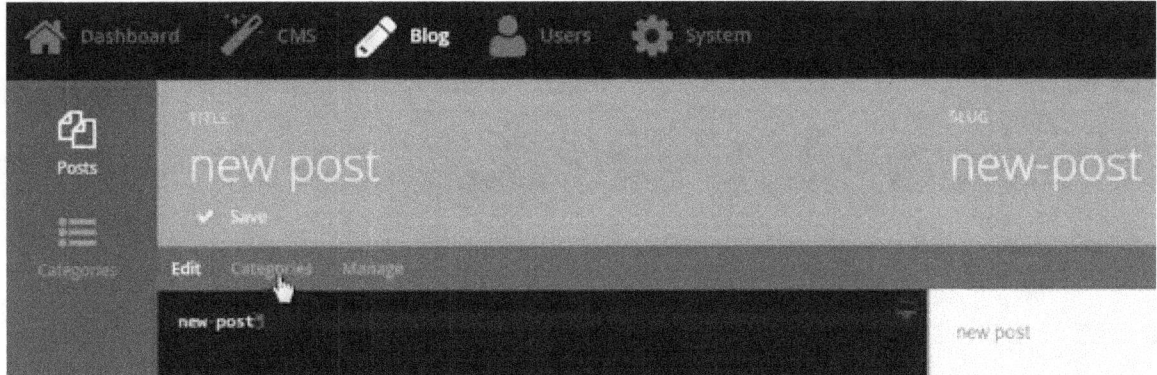

Пусть первый пост у нас будет в нашей "New Category".

Переходим на вкладку "Manage" и опубликуем его (ставим галочку возле "Published"), указываем дату публикации и нажимаем "Save".

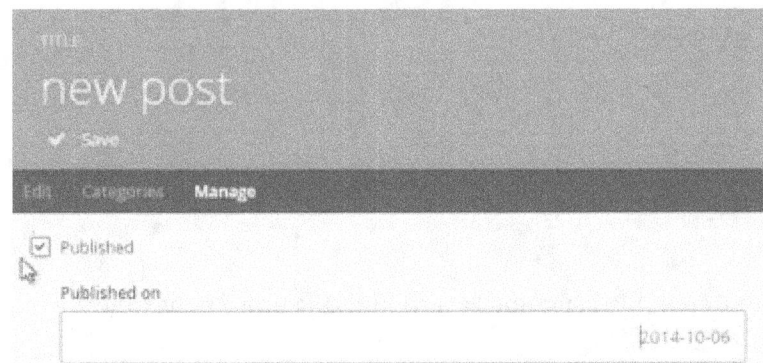

Точно также создаем еще один пост, это будет у нас "new post 2".

Категория у нас будет "Без категории" ("Uncategorized").

И точно так же мы его опубликуем.

Итак, у нас есть 2 категории, и у нас есть 2 статьи нашего блога.

Теперь сделаем страницы для выводов статей и для выводов категорий. Для этого переходим в "Cms", "Pages" и добавляем "Add" Page.

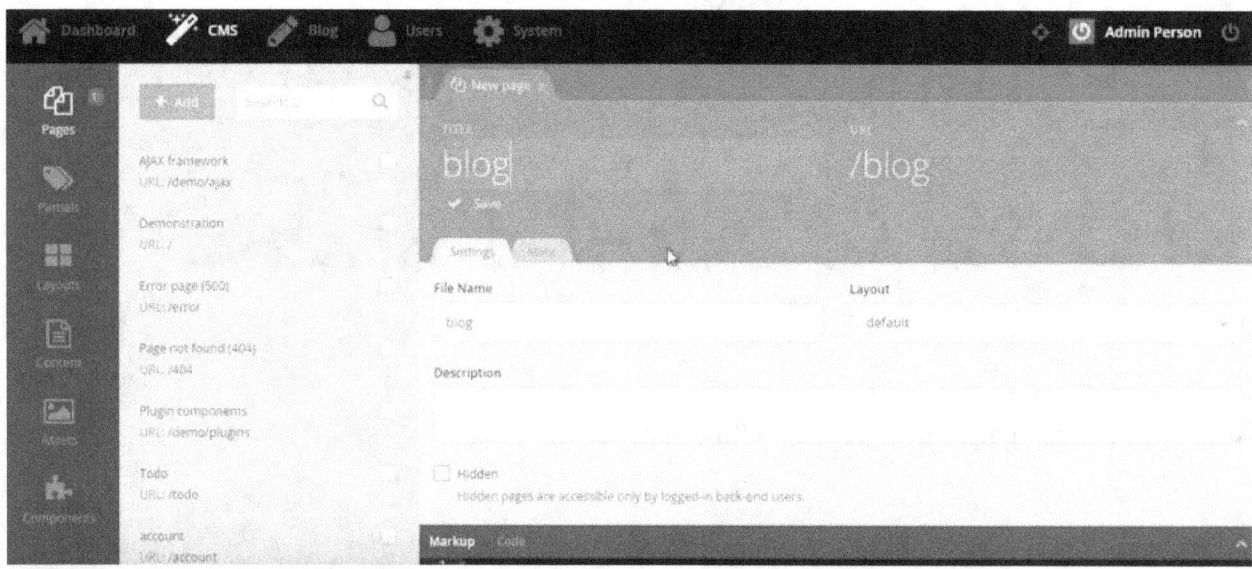

Новый именоваться он у нас будет как "blog", "Layout" у нас по умолчанию.

Теперь переходим в "Components", здесь у нас компоненты нашего блога.

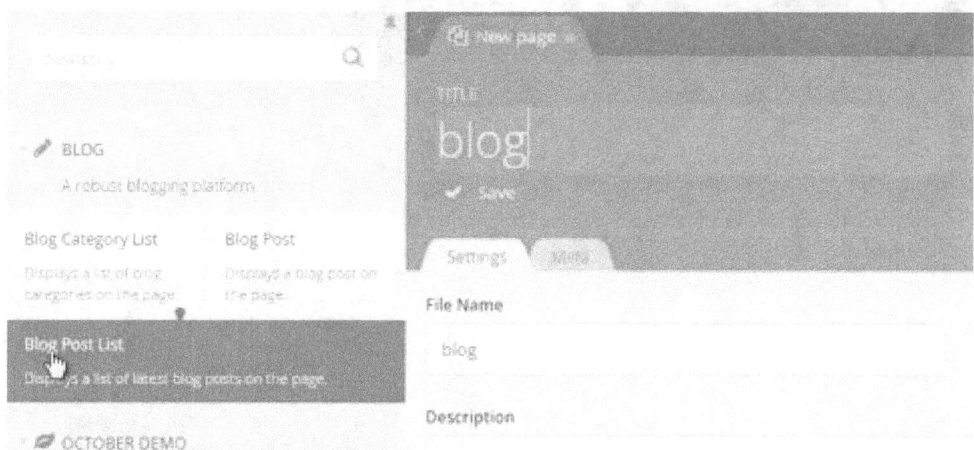

И что нам здесь надо, здесь у нас список наших постов. Добавляем данный список ("Blog Post List")

в "New Pages".

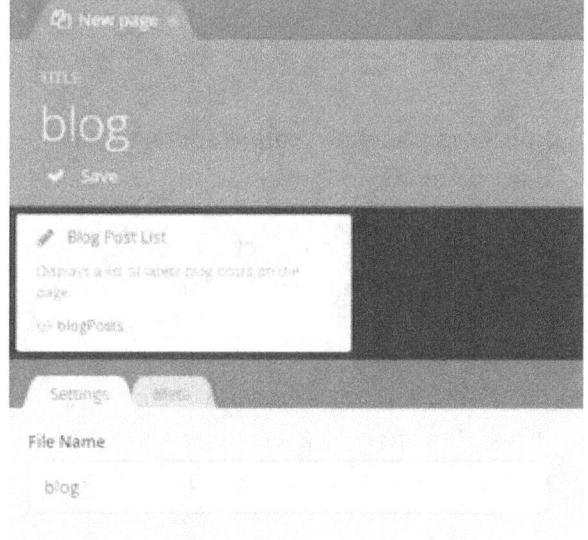

Давайте сохраним и посмотрим, что у нас получилось. Нажимаем "Save" и нажимаем "Preview".

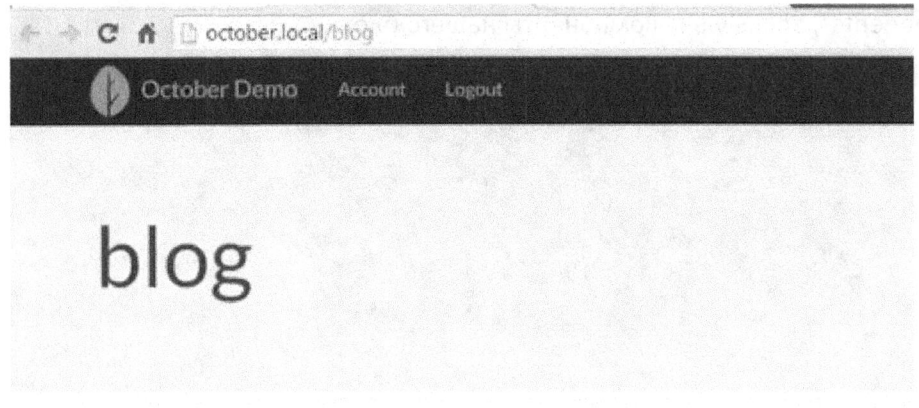

Мы видим страничку нашего блога с выводом наших двух постов слева. Название поста, в какой рубрике он размещен, когда он размещен и сам текст данного поста.

Если мы посмотрим наши ссылки, то они ведут никуда, так как мы это не прописывали. Прописываются они в настройках "Blog Post List", но до этого еще рано, так как прописывать нам их некуда.

Давайте немного оптимизируем данную страничку "blog" и выведем справа столбик со списком категорий и сколько в этих категориях у нас статей находится. Для этого нам нужно кое-что сделать "Components", пролистываем вниз и в окошке "Markup" записываем следующий код (см.картинку)

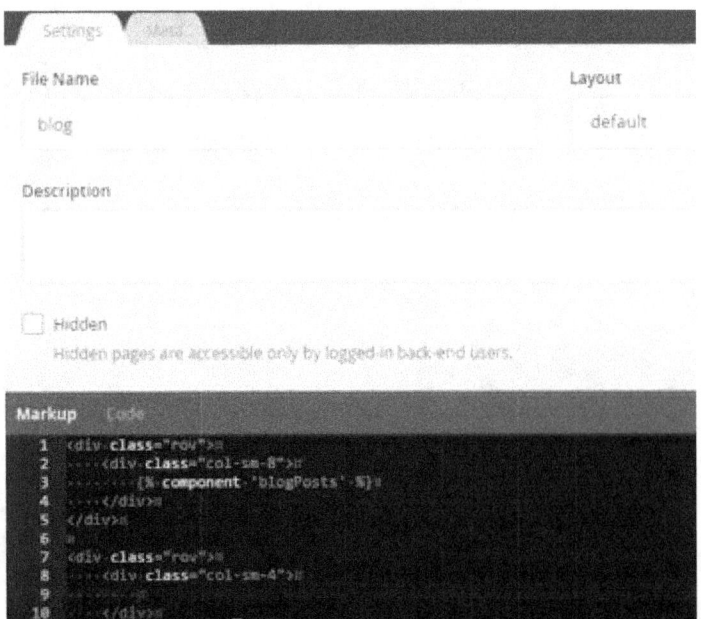

Здесь у нас будет еще один столбец где мы все категории и укажем. Для этого нам потребуется "Blog Category List", хватает его и перетаскиваем его в 9 строчку нашего кода после многоточия.

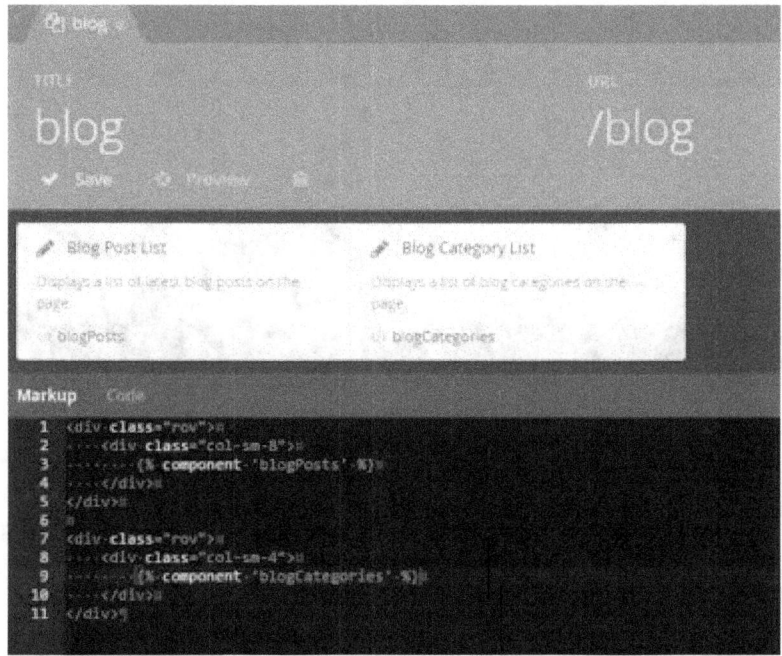

Установили, сохраняемся "Save" и смотрим, что у нас получилось.

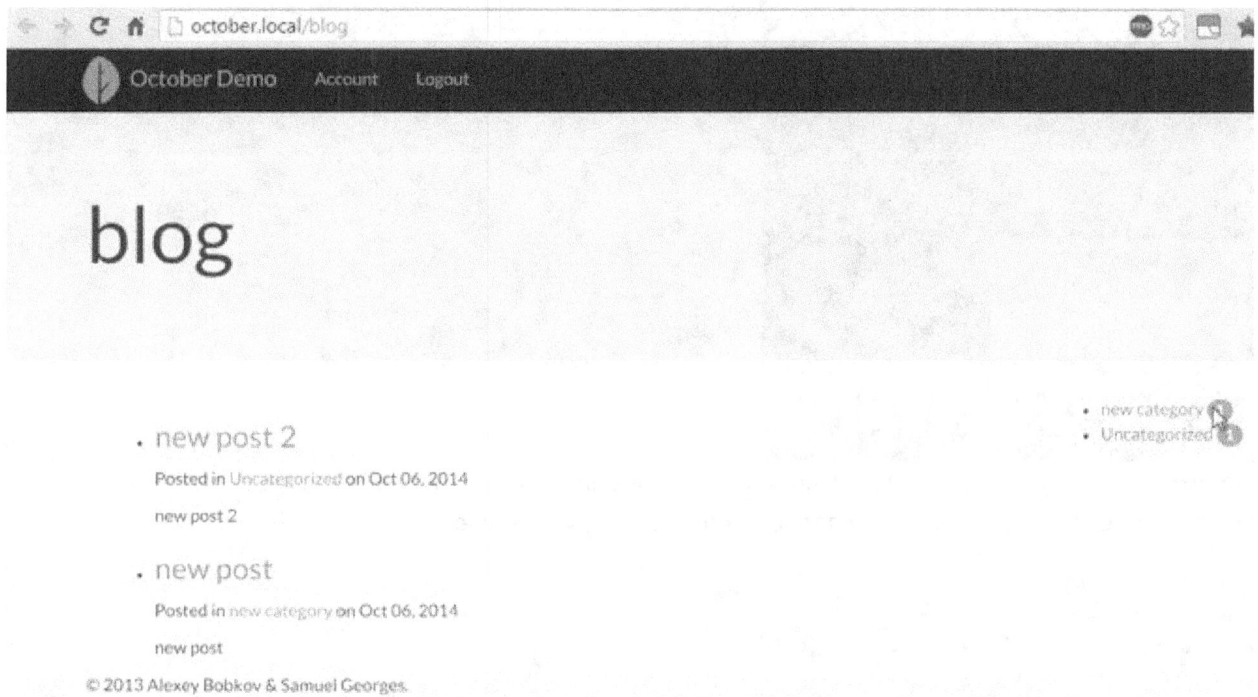

Заходим в "Blog", появился второй столбец, справа мы видим список категорий и сколько в данной категории у нас статей. Опять же, ссылки у нас ведут в никуда.

Теперь давайте создадим отдельную страничку для конкретного поста "new post 2", для конкретной статья.

Для этого переходим в "Pages" и добавляем новую страницу ("Add").

Называться она у нас будет "blog post" URL у нас тоже будет "/blog/post".

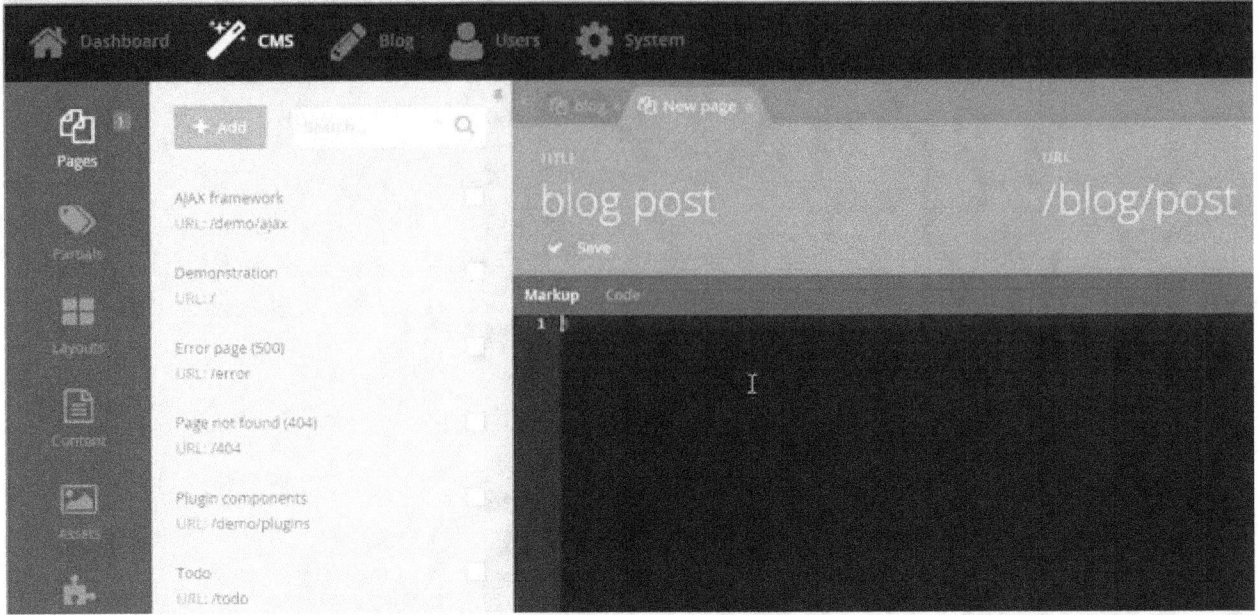

Далее в "Components" нам потребуется "blogpost", который мы бросаем в окошко "Markup" (см. картинку).

Посмотрим настройки данных компонентов и данный компонент у нас использует параметр "slug", благодаря которому она сделает запрос в базу и нужную нас статью вернет.

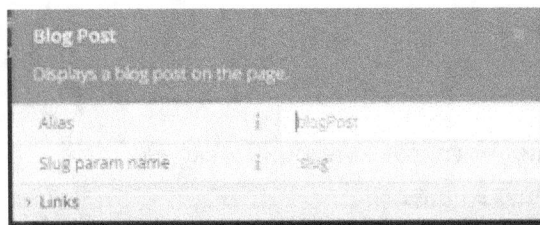

И этот параметр нам требуется передавать в URL (прописываем "/blog/post/:slug").

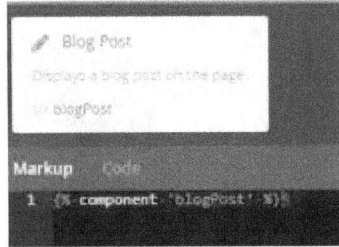

Теперь у нас все должно заработать, сохраняемся "Save".

Переходим на страничку блога и теперь в списке статей ("Blog Post List") нам нужно указать URL, куда будет указывать наша страничка.

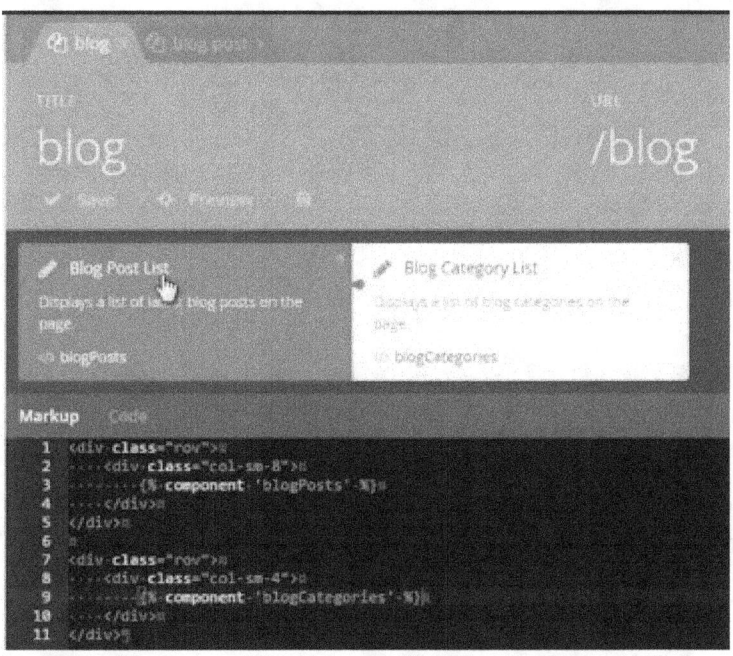

В строке "Post page" Выбираем "404" и меняем на "blog post" сохраняемся "Save".

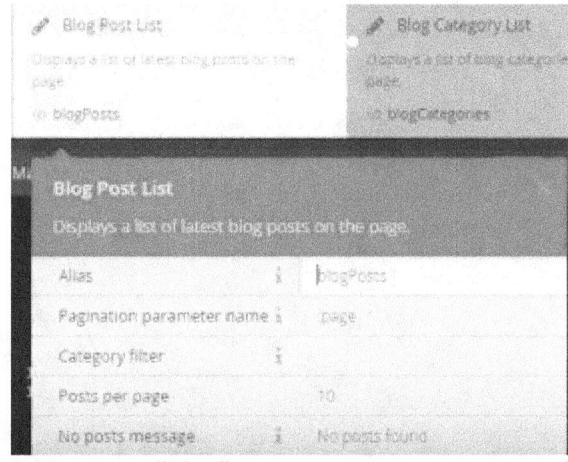

Заходим в "Blog", как мы видим страничка "new post 2" будет вести по нужному нам URL, который мы только что создали.

blog

- new post 2

  Posted in Uncategorized on Oct 06, 2014

  new post 2

- new post

  Posted in new category on Oct 06, 2014

  new post

Нажимаем "new post 2".

october.local/blog/post/new-post-2

new post 2

Posted in Uncategorized on Oct 06, 2014

Мы забыли указать в нашем "Blog Post" "Layout", указываем "Layout" default и вновь обновляем страницу.

October Demo   Account   Logout

blog post

new post 2

Posted in Uncategorized on Oct 06, 2014

Теперь давайте сделаем страничку категорий. Заходим в "Blog" справа наши списки категорий.

blog

- new category (i)
- Uncategorized (i)

- new post 2

    Posted in Uncategorized on Oct 06, 2014

    new post 2

- new post

    Posted in new category on Oct 06, 2014

    new post

Что у нас должно быть, если мы кликаем по категории, там у нас сортировка статей по категориям.

Для этого переходим в нашу CMS "Pages", для этого создадим новый Page, нажимаем "Add".

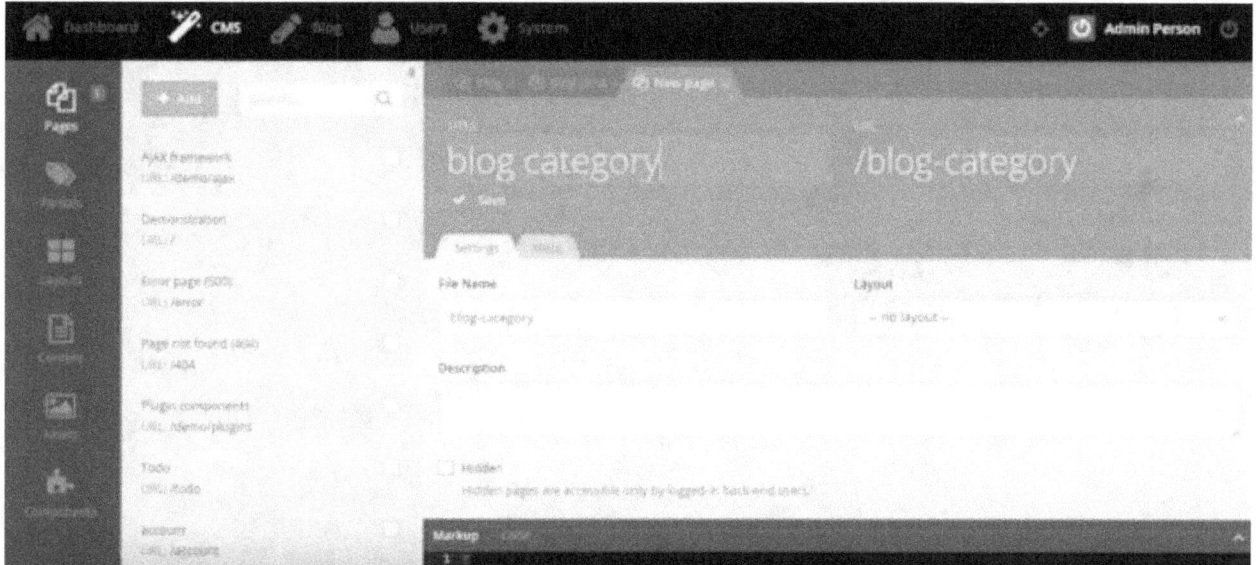

Будет у нас называться "Blog Category", не забываем "Layout" default.

И нам потребуется "Markup" точно такой же, как во вкладке "Blog"

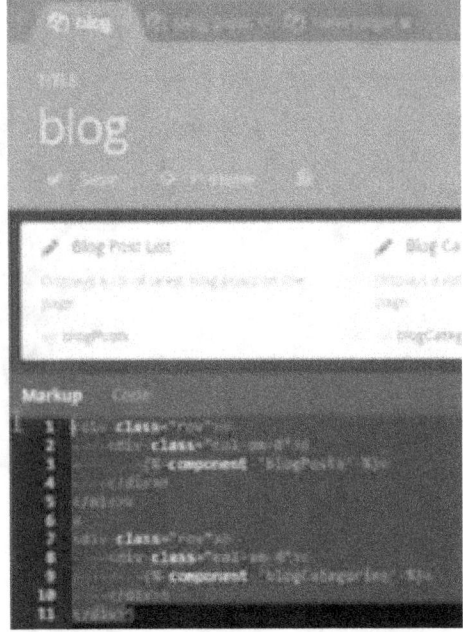

Страничка у нас будет идентичная, с тем исключением, что у нас появится сортировка по категориям.

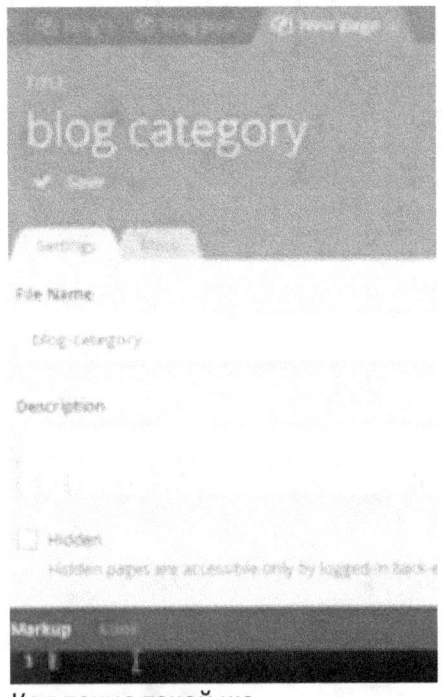

Код точно такой же.

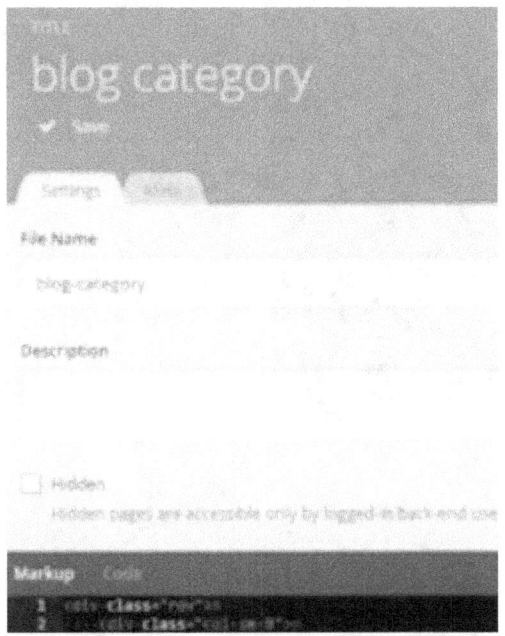

Скопировали и вставили. И следовательно нам нужно добавить такие же компоненты: список постов-статей и список категорий.

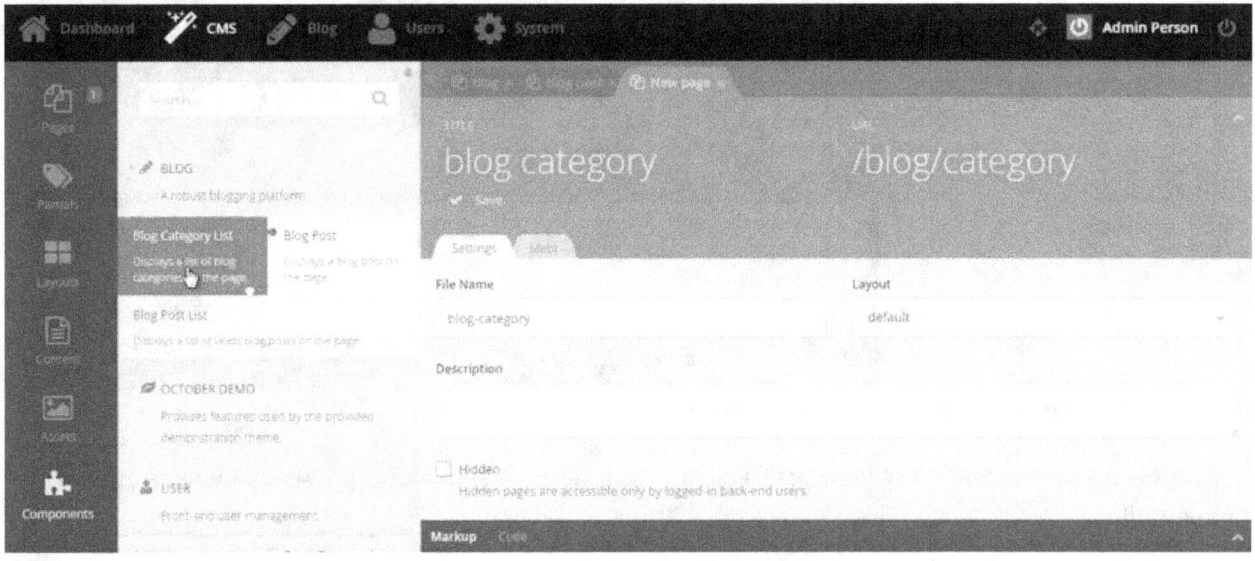

Переходим в "Components", нажимаем на "Blog Post List" один клик.

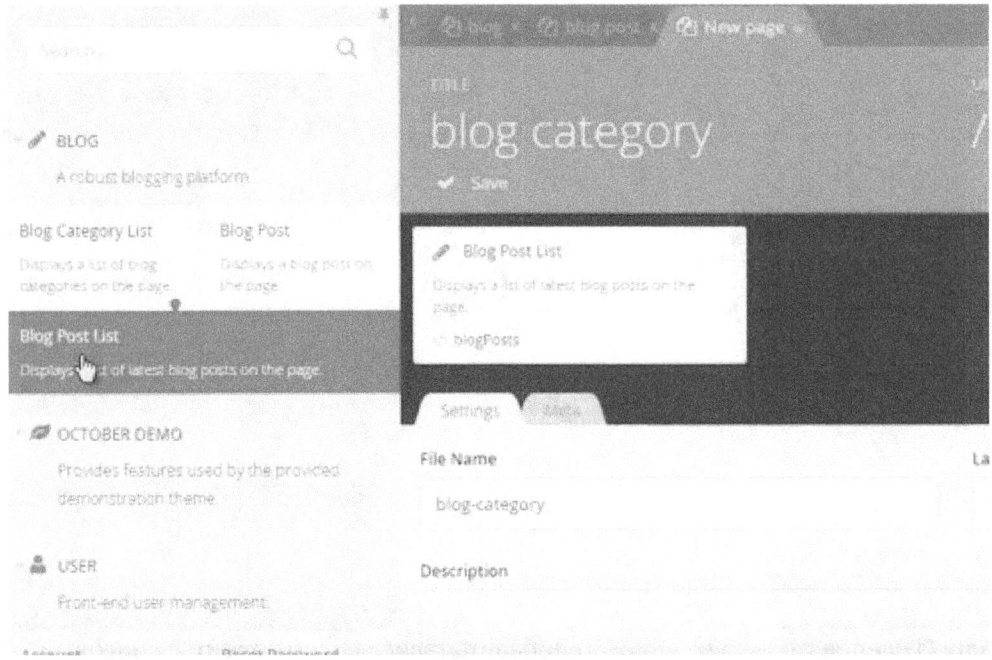

И один клик на список категорий "Blog Category List".

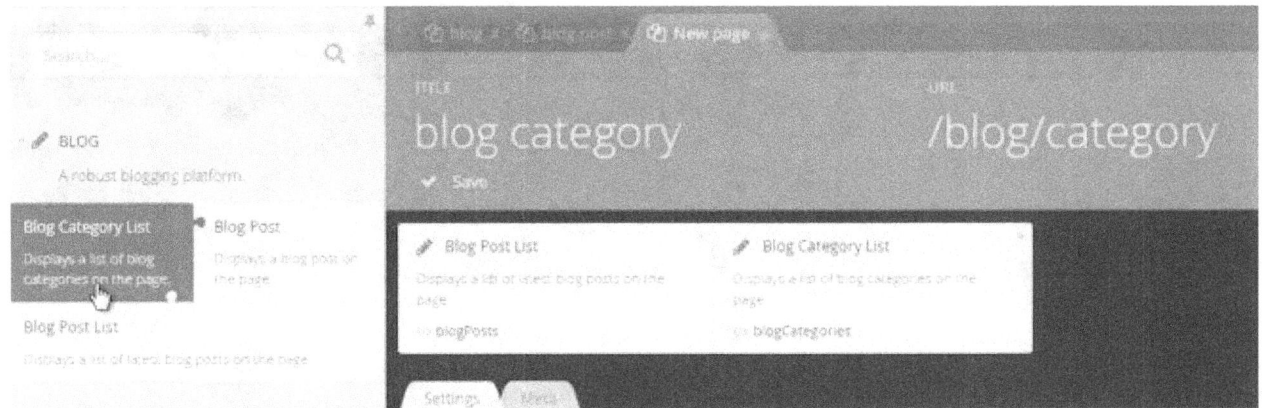

И так, теперь нам нужно организовать сортировку.

Сортировка находится в "Blog Post List", когда нажимаем вскакивают строки, нам нужна строка Category filter.

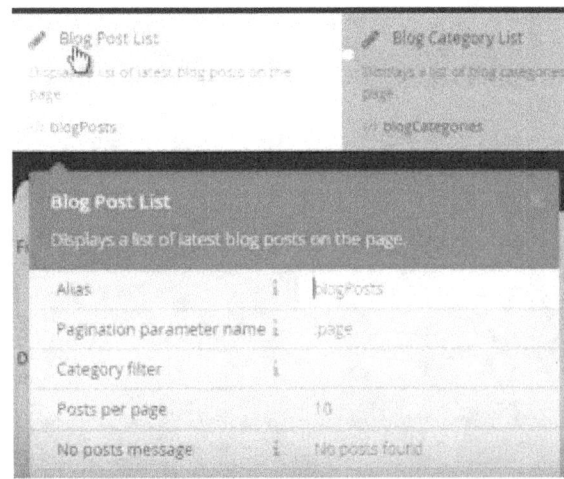

Здесь мы указываем параметр slug. То есть, по конкретному slug мы будем фильтровать.

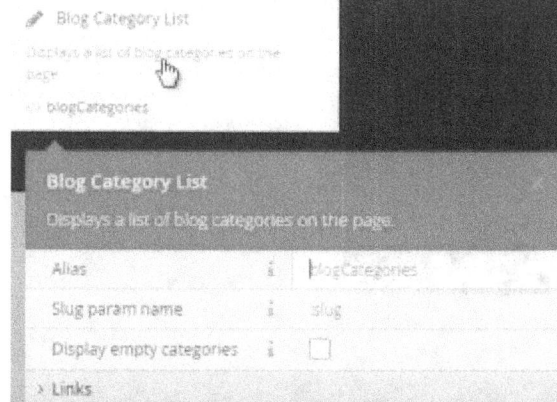

И в "Blog Category List"(справа от "Blog Post List") slug уже указал.

И теперь в строке мы должны его добавить, прописываем "/blog/post/:slug", сохраняемся "Save".

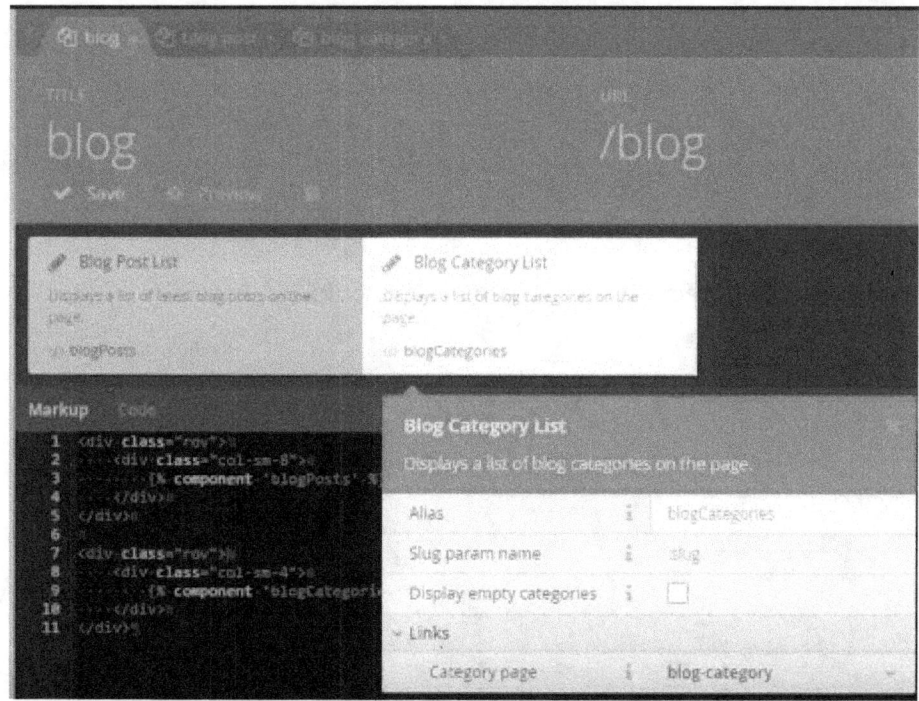

Теперь нам нужно убедится, что у нас ссылки правильные создадутся на странице категорий.

На странице blog, наша категория "Blog Category List", в "Category Page" указываем "blog-category"

В списке "Blog Post List" в "Category Page" указываем тоже указываем "blog-category".

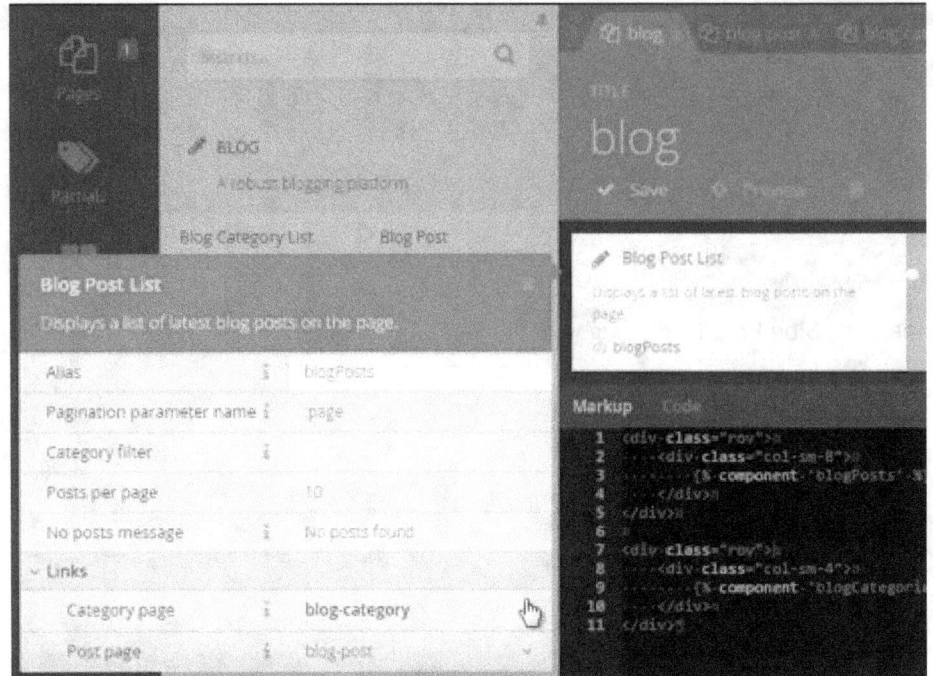

Сохраняемся "Save".

Смотрим, что получилось. Заходим в "Blog", есть ссылочка наших категорий.

blog

- new post 2
  Posted in Uncategorized on Oct 06, 2014
  new post 2

- new post
  Posted in new category on Oct 06, 2014
  new post

- new category 1
- Uncategorized 1

Все у нас формируется верно.

blog category

- new post
  Posted in new category on Oct 06, 2014
  new post

- new category 1
- Uncategorized 1

Вот наши категории (справа), нажимаем "new category" и попадаем на идентичную страницу визуально, но здесь у нас уже одна статья, которая принадлежит "new category"

- new category 1
- Uncategorized 1

В "Uncategorized" у нас не сработало, потому что в "Blog Post List" мы эти ссылки не указали.

Page not found (404)

Page not found

We're sorry, but the page you requested cannot be found.

© 2013 Alexey Bobkov & Samuel Georges.

Открываем Links, "Category Page" указываем указываем "blog-category".

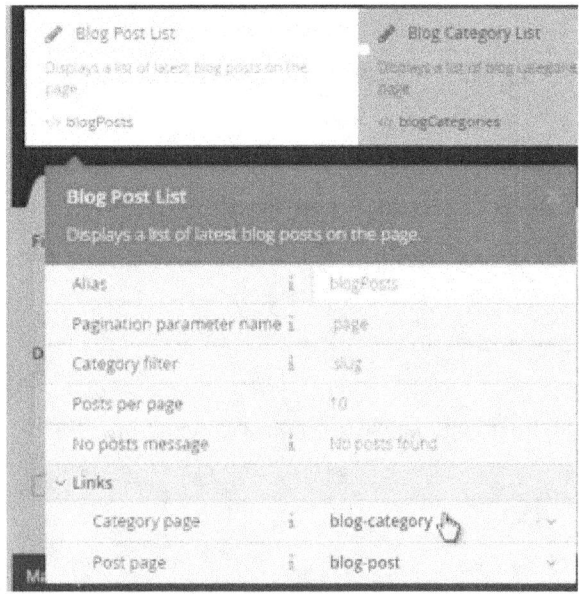

В "Post Page" указываем "blog-post".

В "Blog Category List", в "Category Page" указываем "blog-category"

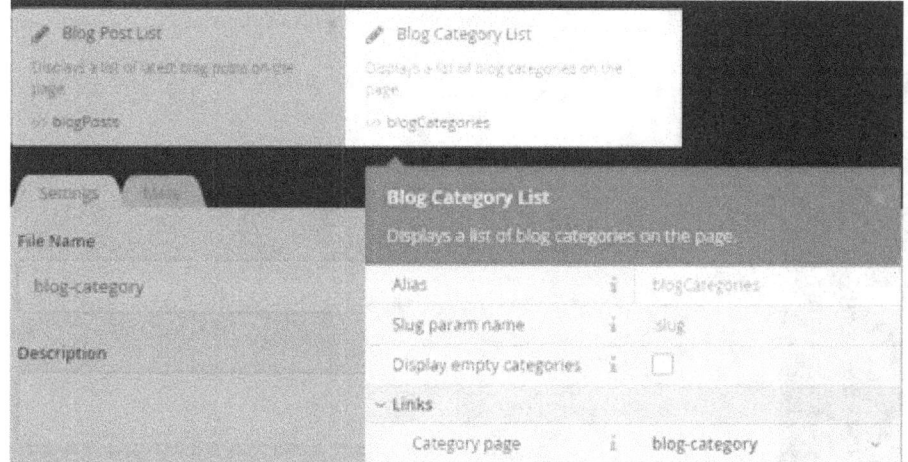

Сохраняемся "Save".

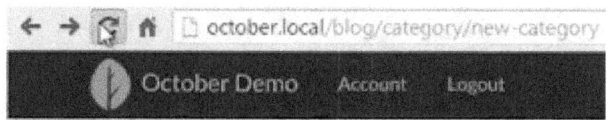

Обновляем страничку.

Теперь ссылки у нас формируются верно и ссылка на пост тоже сформировалась верно.

Теперь давайте на страничке "Blog Post" поменяем ему заголовок.

Сейчас у нас всегда будет написано "Blog Post". Для этого переходим на страничку формирования нашей статьи Blog Post, далее переходим на вкладку Code и добавляем следующий код.

Сохраняемся "Save".

Переходим на вкладку с нашей статьей, обновляем.

И теперь именно title сюда и стал.

Всем спасибо за просмотр.

2. Плагины

2.1. Создание компонент

Приветствую вас, друзья. С вами Дмитрий, и в этой серии видеоуроков мы будем с вами самостоятельно создавать компонент для October CMS. Если раньше мы все настройки выполняли непосредственно в браузере средствами October, то при создании компонента мы будем использовать еще и ide.

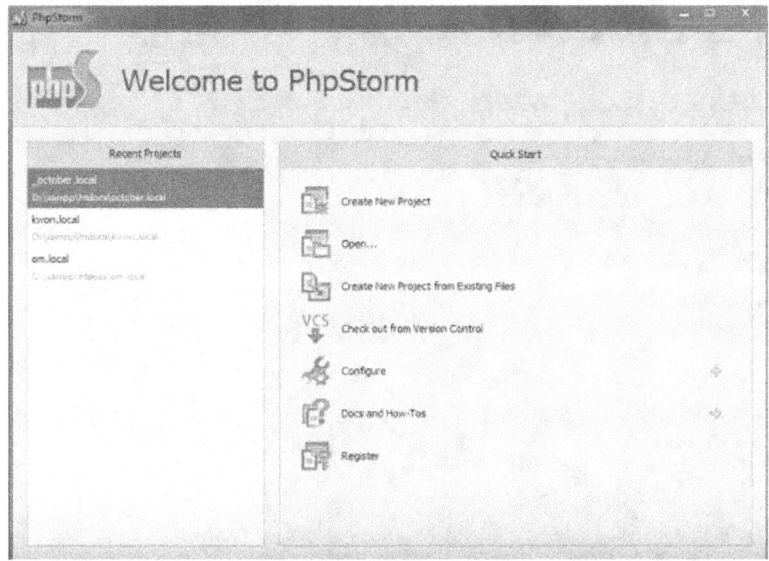

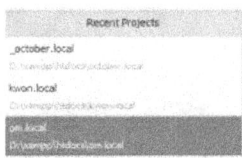

Итак, начнем с создания проектов PhpStorm.

Так как проект у нас уже есть, установлен, то есть файлы у нас существуют и веб сервер у нас находится локально, мы выбираем Create New Project from Existing Files.

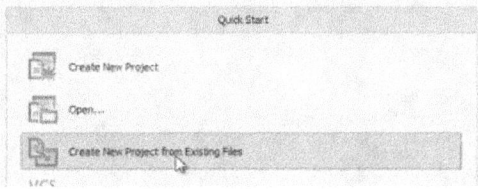

Я использую xampp, и, соответственно, все проекты у меня находятся в корневой папке xampp, в htdocs. Поэтому я выбираю галочку, которая стоит по умолчанию, то что сервер у нас локально установлен и source files у нас находятся в document root нашего сервера.

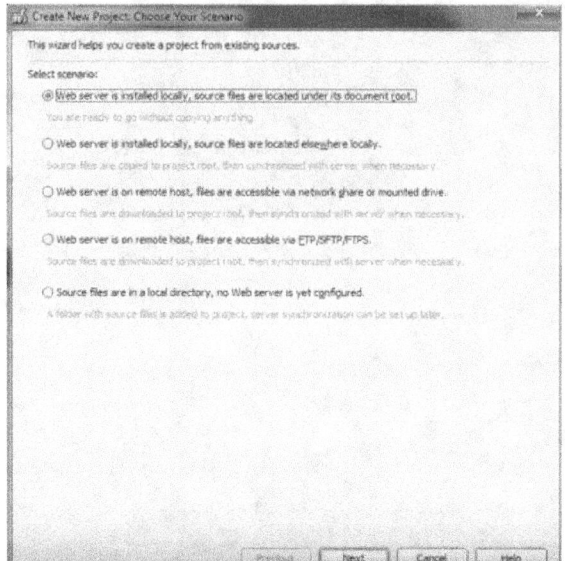

Далее нажимаю Next. На данном шаге мы выбираем, где находится у нас корневая папка нашего сайта.

У меня это D:\xampp\htdocs\october.local.

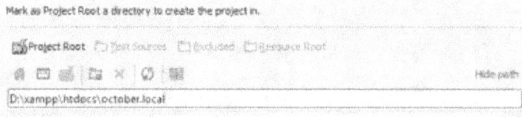

И мы нажимаем здесь, то что Project Root.

Далее, нажимаем Next. Здесь мы либо добавляем новый локальный сервер, либо используем существующий.

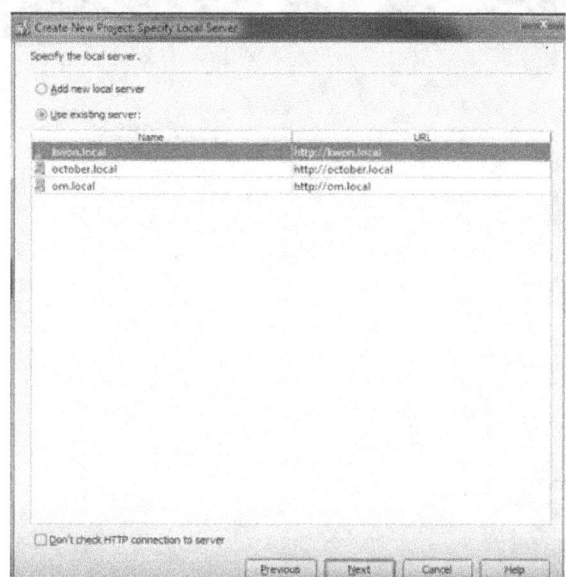

Так как проект у меня уже был ранее создан, то у меня уже здесь веб сервер есть. Если же у вас нет, то, соответственно, на этом шаге вы можете нажать Add new local server и соответственно добавить его, указав правильный URL адрес.

Итак, нажимаем Next. URL у меня будет следующий, что просто http://october.local.

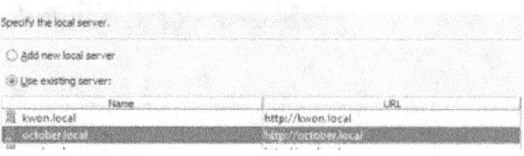

И нажимаем finish.

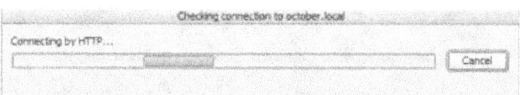

Итак, теперь у нас PhpStorm готов к работе над нашим проектом.

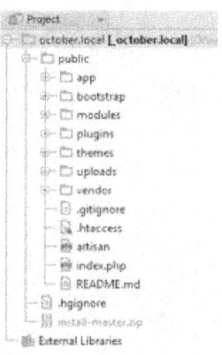

2.2.   Структура папок компонента

И так, продолжаем работать над нашим компонентом, переходим в админку нашего «October». Здесь сейчас нас интересует «Pages», и что мы вообще будем делать.

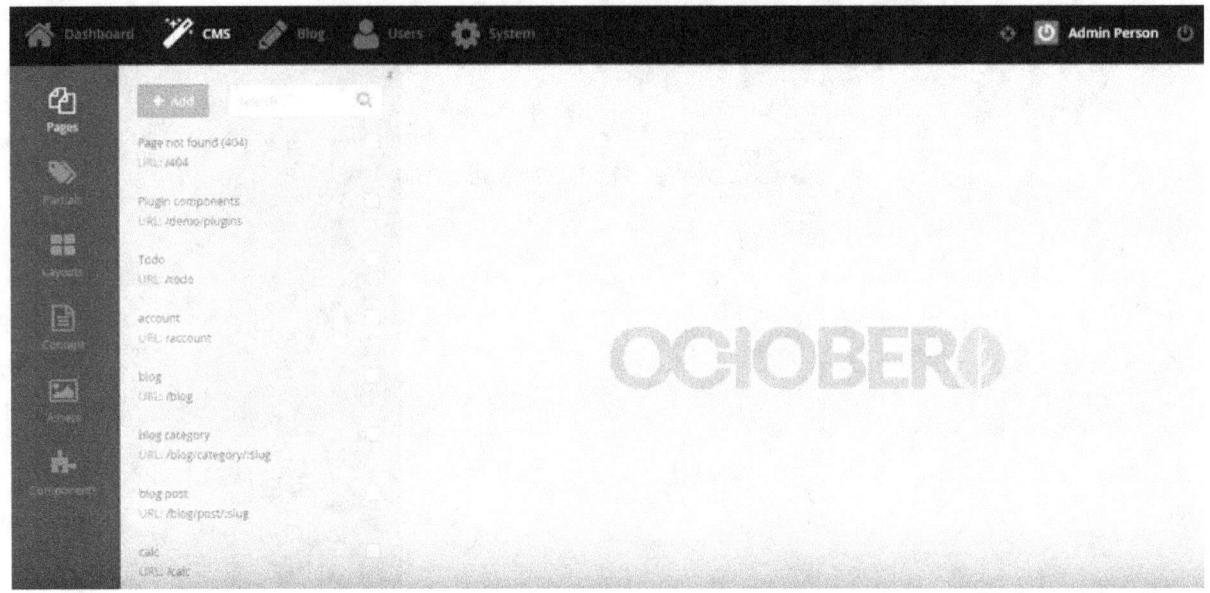

В «October» есть замечательный пример компонентов, например компонент «Todo». Давайте его

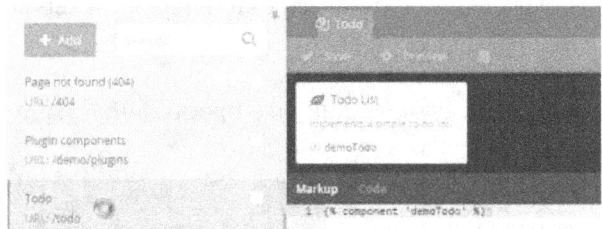

посмотрим.

Сделаем превью: такой «To do»-лист, где мы можем добавлять определенные задачи, которые будем выполнять.

И, соответственно, эти задачи будем удалять.

В данном компоненте реализована лишь сама, структура компонента (можно посмотреть, как это все сделано), и реализован AJAX, но нет здесь у нас работы с базой данных. Поэтому если мы добавим элементы и обновим страницу, то у нас все исчезнет.

У нас даже сессия не сохраняется, такой базовый примерчик, очень простой. Мы с вами будем делать аналогичное «To do», за тем исключением, что мы будем использовать обращение к базе данных. Т.е. у нас будут файлы иммиграции, будут обращения с помощью AJAX-а в базу данных и получение из базы. Т.е. у нас получится такой хороший емкий пример, но в то же время он будет достаточно прост. И в таком замечательном примере мы рассмотрим структуру MVC, и работу с базой данных, и работу с AJAX-ом в «October», ну и само построение компонента в целом. Первое, что нам потребуется сделать - это создать структуру папок и базовые файлы нашего нового компонента. Делается это очень просто. Есть для этого специальные команды. И выполнять мы это будем в PhpStorm. Открываем PhpStorm: вот наш проект.

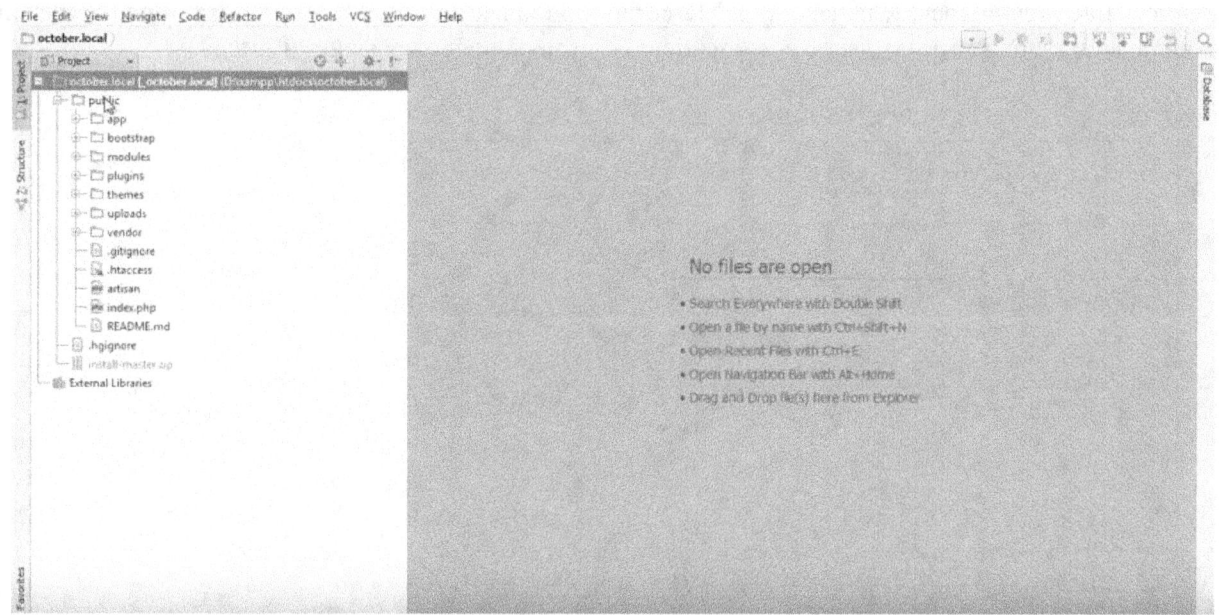

Для того, чтобы запустить наши команды, нам потребуется либо запустить терминал Windows, либо воспользоваться Command Line Tools, либо воспользоваться терминалом Windows, но уже из PhpStorm.

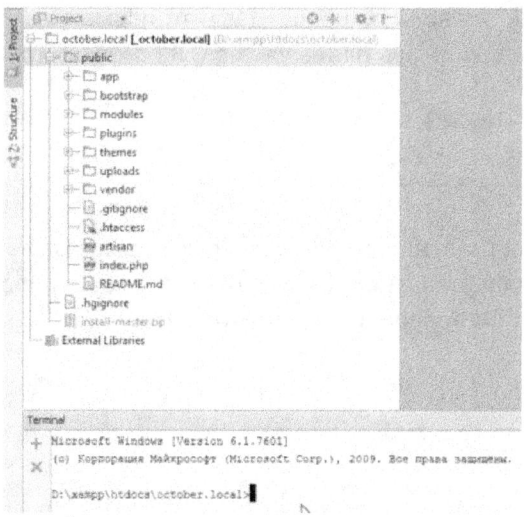

Я сделаю это как это более удобно, т.е. я могу прямо здесь запустить данную команду, и нам потребуется для выполнения этих команд перейти непосредственно в папку «Public». Сделать это можно двумя способами: можно схватить, а можно «CD» и «public» напечатать. Давайте так сделаем самым простым способом. Теперь здесь мы запускаем нашу команду: «*Php* пробел *artisan* пробел *create* двоеточие *plugin*».

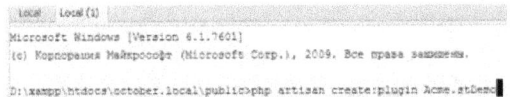

Далее после пробела идет название самого плагина это «*acme* точка *stDemo*» (st – simple traning demo).

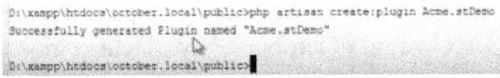

Здесь можете задать имя, которое вам более удобно. Нажимаю Enter, и мы видим сообщение то, что у нас плагин успешно сгенерировался. Давайте посмотрим в системе контроля версии, что именно у нас получилось. Я перехожу в Mercurial, обновляю, и вижу, то, что у нас в папке плагин появилась подпапка «acme», далее в ней «stdemo», и здесь появился файл «Plugin».

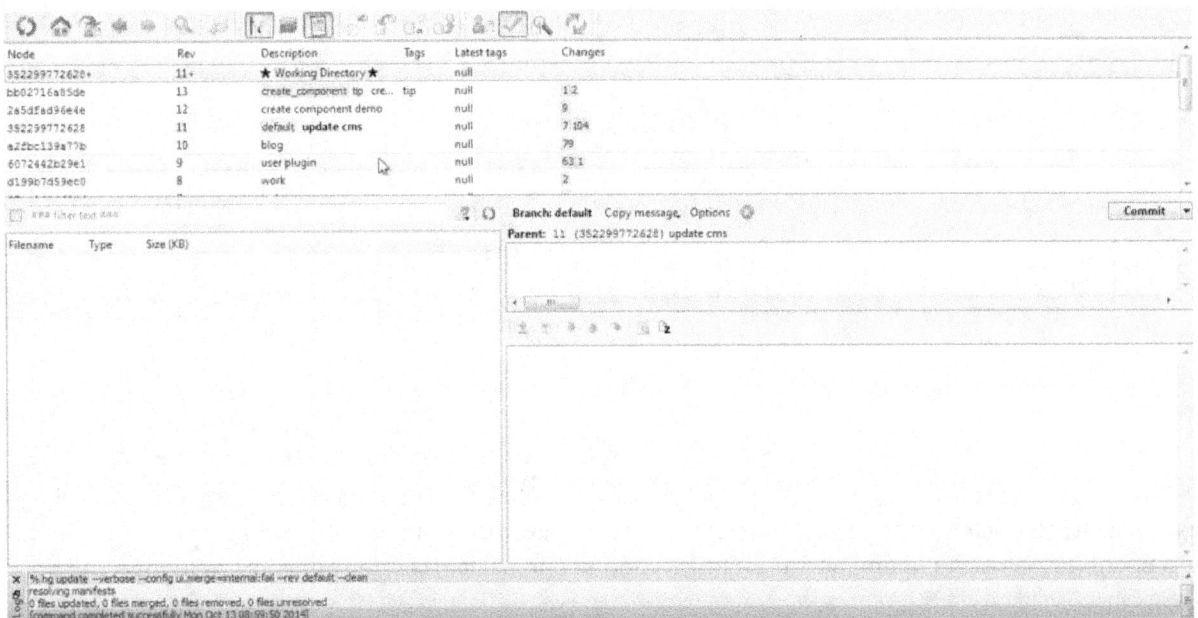

Уже с определенным кодом, и далее у нас появился еще один файл «Updates/version», т.е. здесь у нас будет файл наших версий данного плагина. Давайте посмотрим это в IDE. Переходим в IDE: вот наша папка «Plugins», что появилась папка «acme», и базовая структура нашего плагина.

Давайте откроем данные файлы в нашем редакторе. Открываем «version.yaml» файл, здесь мы видим сразу инициализированную строку, то, что это у нас первая версия нашего «stdemo» плагина. И откроем файл «Plugin.php» с помощью данного файла наша система регистрирует данный плагин у себя.

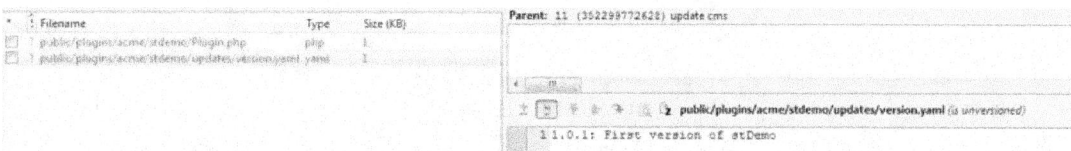

```
14      * @return array
15      */
16     public function pluginDetails()
17     {
18         return [
19             'name'        => 'stDemo',
20             'description' => 'No description provided yet...',
21             'author'      => 'Acme',
22             'icon'        => 'icon-leaf'
23         ];
24     }
25
```

И, соответственно, здесь у нас реализован один метод «pluginDetails».

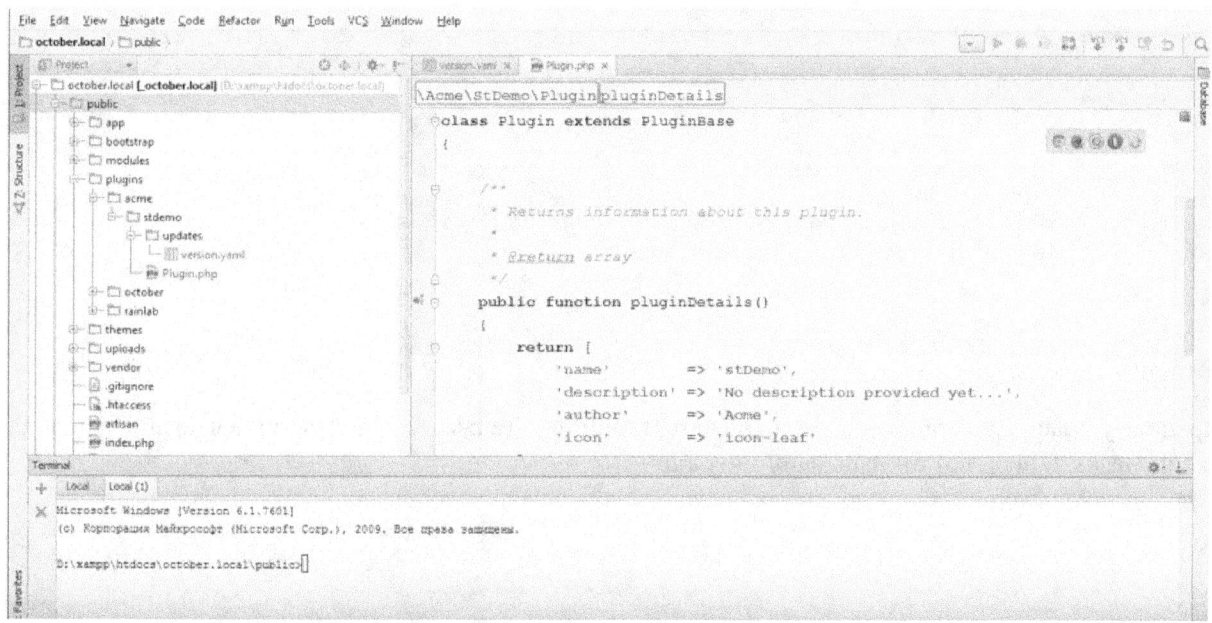

В нем мы можем задать информацию о нашем файле, которая в последствие будет видна у нас в админке.

2.3. Создание модели для компонента

Теперь давайте создадим модель для работы с базой данных. Переходим в наш терминал PhpStorm.

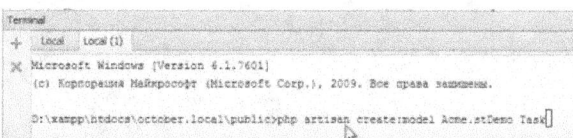

И выполним следующую команду: «*Php* пробел *artisan* пробел *create* двоеточие *model*(создаем модель) пробел название нашего плагина - *Acme* точка *stDemo* и далее назвние модели пробел *Task,* т.е. нам нужна таблица Task для нашего плагина.

Нажимаем Enter, видим сообщение, что модель у нас успешно сгенерировалась и именуется она «Task», как мы и хотели.

Давайте посмотрим, что у нас появилось.

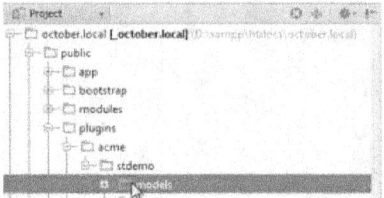

Здесь мы видим, что у нас появилась папка «Models», в ней есть подпапка «Task», в которой у нас есть «columns.yaml» и «fields.yaml» - описание столбцов и полей нашей таблички и также сама модель.

Вот наша модель.

Заранее у нас уже задалось имя нашей таблицы, также у нас появился файл миграции «create_tasks_table», вот он наш файл миграции.

Миграция у нас стандартная: у нас есть Up-метод и Down-метод. В Up -методе мы немножко изменим нашу таблицу, здесь по умолчанию идет поле «id» - автоинкрементное и «timestamps». Нам потребуется добавить еще 2 поля: поле «title» тип string nullable и поле «is completed» Boolean.

```
class CreateTasksTable extends Migration
{

    public function up()
    {
        Schema::create('acme_stdemo_tasks', function($table)
        {
            $table->engine = 'InnoDB';
            $table->increments('id');
            $table->string('title')->nullable();
            $table->boolean('is_completed')->default(false);
            $table->timestamps();
```
Method 'timestamps' not found in class more... (Ctrl+F1)
```
    }
```

Здесь у нас будет название нашего Task –а, а здесь будет у нас флаг – выполнен этот Task или не выполнен. По умолчанию он будет «false» - не выполнен. Если мы откроем и посмотрим на список наших таблиц в нашей базе данных, то мы пока нашу новую табличку не увидим, потому что мы файлы для нее создали, миграцию создали, но пока мы это еще не запускали.

И следующим шагом мы это сделаем. Для того, чтобы нам составить табличку, потребуется внести некие изменения в файл «version.yaml».

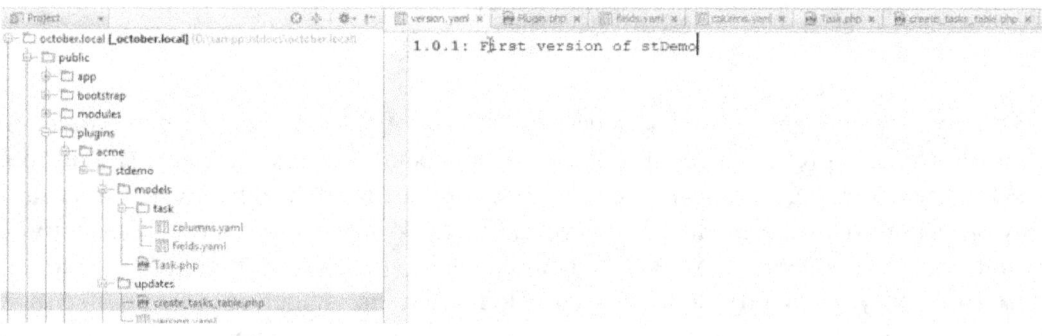

Вот то, что у нас есть по умолчанию, и нам потребуется добавить следующие строки: мы говорим то, что у нас теперь версия плагина 1.0.2; далее следующей строкой мы указываем, какие изменения у нас были: была создана табличка «Task», обратите внимание – это очень важный

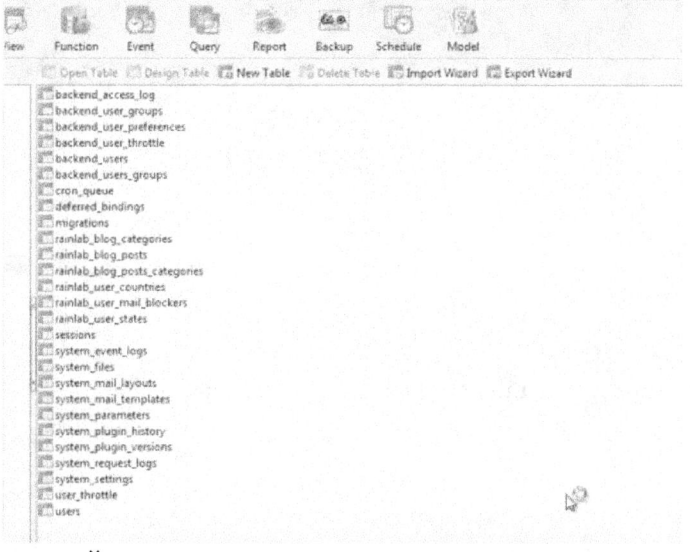

момент – второй строкой мы указываем точное название нашего файла миграции «create_tasks_table».

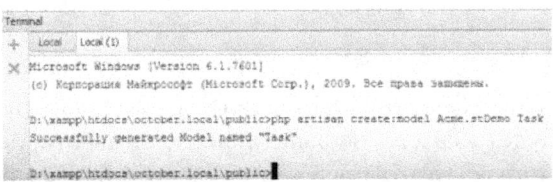

```
1.0.1: First version of stDemo
1.0.2:
    Create ToDo task table
    create_tasks_table.php
```

И как только мы обновим информацию о нашем компоненте с помощью также терминала, в командной строке выполним определенную команду, то система автоматически увидит, что у нас есть такой файл миграции и выполнит его. Переходим в наш терминал, видим, что мы

```
Terminal
+   Local   Local (1)
Microsoft Windows [Version 6.1.7601]
(c) Корпорация Майкрософт (Microsoft Corp.), 2009. Все права защищены.

D:\xampp\htdocs\october.local\public>php artisan create:model Acme.stDemo Task
Successfully generated Model named "Task"

D:\xampp\htdocs\october.local\public>
```

действительно находимся в папке «Public».

И выполняем следующий код: «*Php* пробел *artisan* пробел *plugin* двоеточие *refresh* и название плагина пробел *Acme* точка *stDemo*».

```
D:\xampp\htdocs\october.local\public>php artisan plugin:refresh Acme.stDemo
Rolled back: Acme.StDemo
Reinstalling plugin...
Acme.StDemo
- v1.0.1:  first version of stDemo
- v1.0.2:  Create ToDo task table
```

Так как плагин уже установлен, система о нем знает, поэтому нам нужно сделать лишь refresh для него. Для того, чтобы система проверила, что у нас в версии появилось, и выполнила те или иные операции. Нажимаем Enter, смотрим, что у нас происходит. Видим, что система откатила предыдущую версию плагина и заново его установила. И вывела на экран содержимое нашего «version.yaml», за исключением этой рабочей строки, которую видеть не нужно. Здесь мы показываем то, что будет видеть пользователь. Пользователь увидел изменения, и это уже было для системы (что сделать, какие изменения нужно будет внести). Теперь можно перейти вновь в нашу базу данных, обновить страничку и убедиться, что у нас табличка появилась.

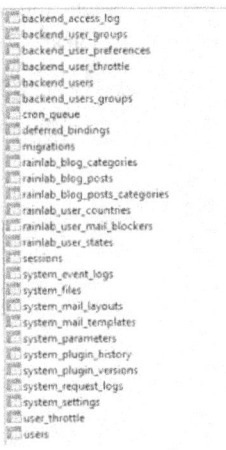

Я нажал F5 и вижу, что появилась табличка «acme_stdemo_tasks».

Если вдруг по какой-то причине у вас не получилось, т.е. как бы все прошло успешно, за тем исключением, что табличка не появилась, убедитесь, что вы правильно указали название файла миграции, то, что он вообще у вас здесь существует. Это единственный подводный камень, из-за которого табличка может не создаваться.

2.4. Создание компонента плагина

И так, продолжаем. Следующей командой мы создадим компонент. Как вы можете видеть мы находимся в директории «plugins» и общая папка называется «public». «Plugin» внутри себя может содержать компонент. Сейчас мы сделали базовый файл плагином и создали таблички, которые будут работать в данном плагине. Теперь потребуется создать компонент, и в этом компоненте мы уже будем выдавать то, что пользователь CMS будет видеть у себя в админке. Для этого нам вновь нужно воспользоваться терминалом, находиться в папке «public» и выполнить следующую команду: «*Php* пробел *artisan* пробел *create* двоеточие *component* пробел *Acme* точка *stDemo* и название компонента *stTodo*». Нажимаем Enter, видим, что система нам сообщила, что компонент успешно сгенерирован.

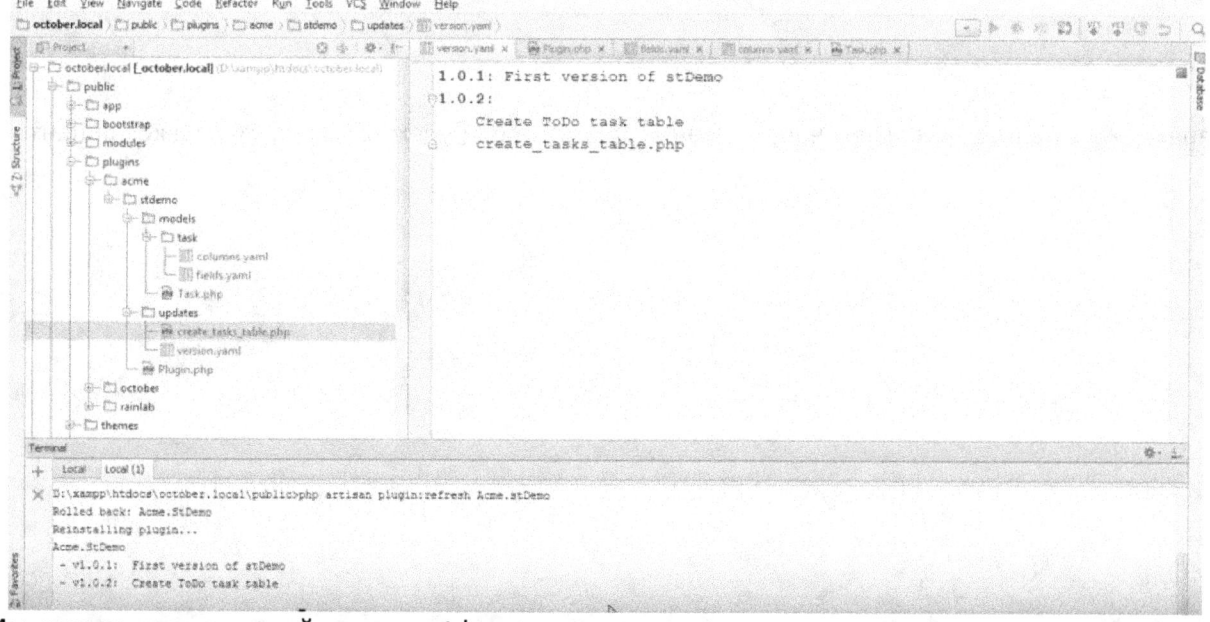

Мы видим, что в нашей папке «stdemo» появилась папка «components» и здесь мы видим главный файл «StTodo», который одноименный с именем нашего компонента.

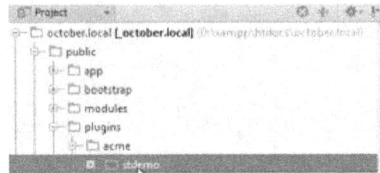

Давайте посмотрим, что у него внутри: описание нашего компонента и какие-то свойства, которые могут быть, а могут и не быть.

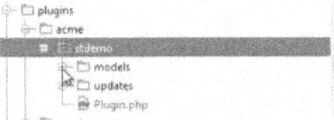

В папке «StTodo» этого компонента будут находится «вьюшки» наши, HTML файлы.

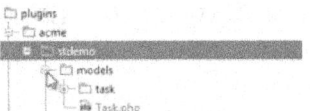

Теперь нам нужно в нашем главном файле «Plugin» указать то, что мы будем использовать, т.е. указать регистрацию нашего компонента для CMS. Для этого нам потребуется создать метод с названием «registerComponents» и сделать здесь возврат массива, указывая на наш компонент. Вот путь к нашему компоненту, задаем ему имя.

```
\Acme\StDemo\Plugin

    public function pluginDetails()
    {
        return [
            'name'        => 'stDemo',
            'description' => 'No description provided yet...',
            'author'      => 'Acme',
            'icon'        => 'icon-leaf'
        ];
    }

    public function registerComponents()
    {
        return [
            '\acme\stdemo\Components\sttodo' => 'stTodoList'
        ];
    }
```

Переходим в наш CMS, создаем новую страничку, в которой будем тестировать наш компонент.

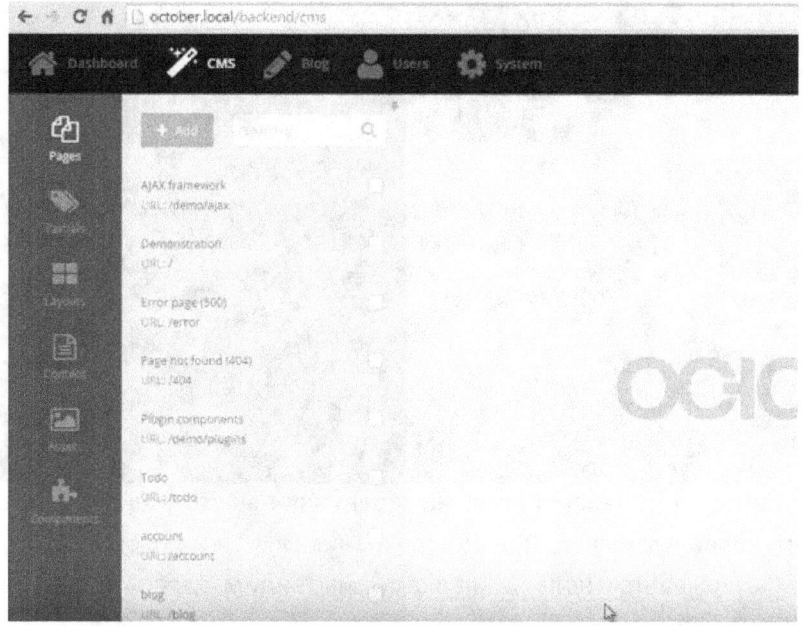

Страничку мы назовем «StTodo», URL будет у нее соответствующий, сохраняем.

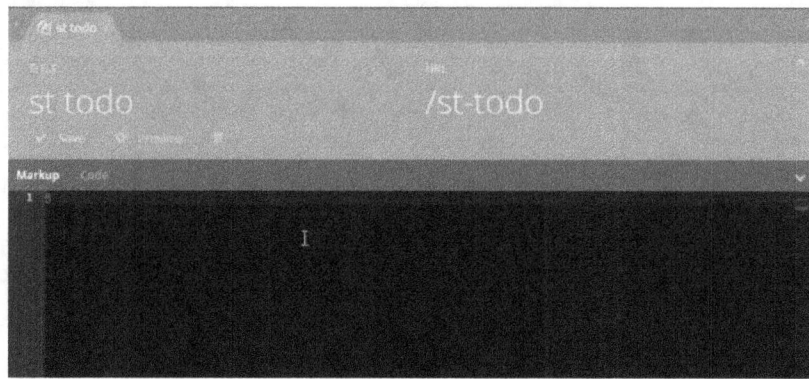

Переходим на вкладку компонент, и видим наш компонент «stDemo».

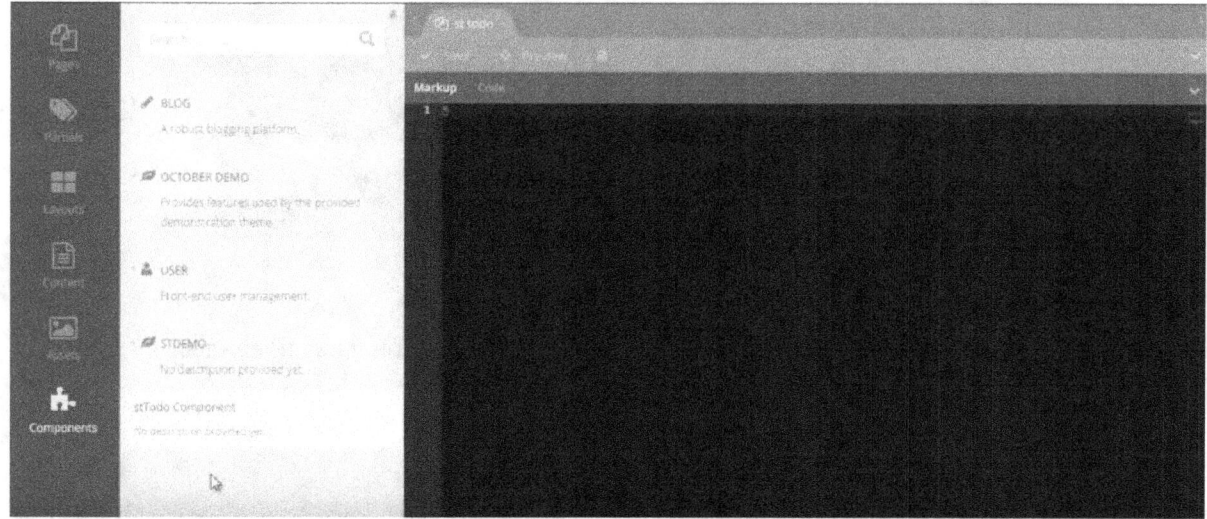

Если вдруг вы его не наблюдаете, обновите страницу, если она у вас не была обновлена, и он должен появиться.

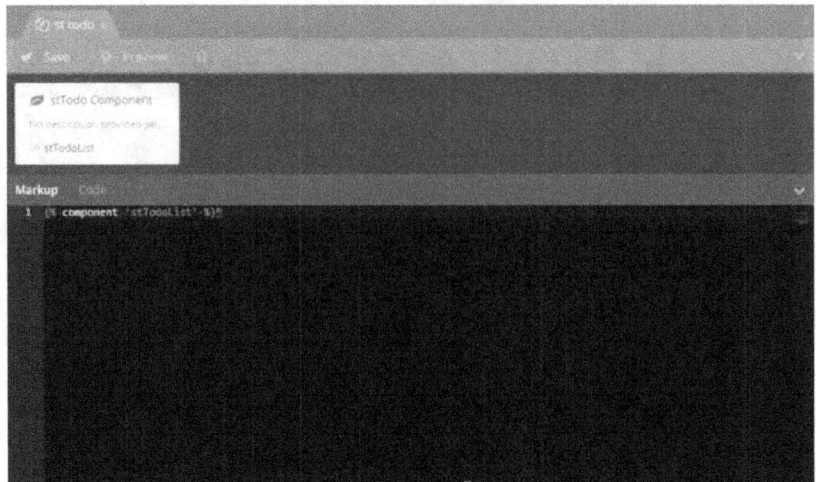

Теперь хватаем его и перетаскиваем прямо на страничку нашего кода. Мы видим подключение здесь и компонент появился выше. Давайте сохранимся и посмотрим, что у нас получилось. Нажимаем preview, открывается новая вкладка, и мы видим здесь сообщение по умолчанию, которое у нас было в нашей «вьюхе».

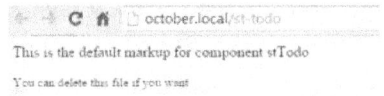

Если мы «default.html» откроем, мы увидим это сообщение.

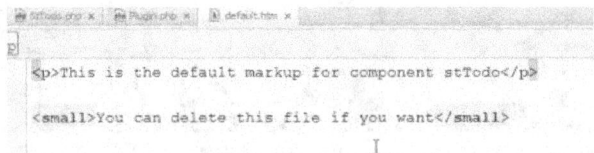

Давайте укажем «layout», мы «layout» не указали, поэтому здесь не так красиво получилось.

Указываем в «layout» - «default», сохраняемся, проверяем, чтобы он у нас появился.

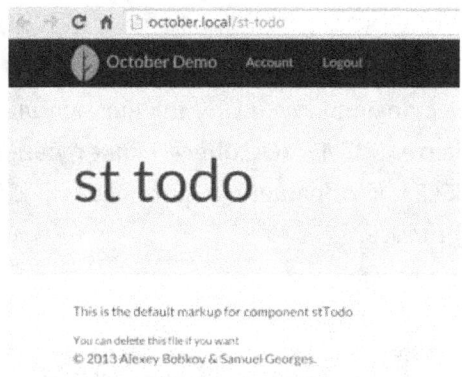

Отлично, он у нас появился.

2.5. Свойства объекта

В этом видео мы посмотрим каким образом можно создавать свойства нашего объекта, объекта нашего компонента и обращаться к ним уже в нашей CMS в HTML коде, как-то брать их значение.

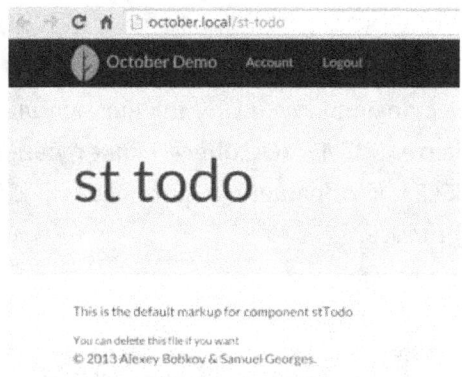

Первое свойство - это свойство «name» - имя пользователя, который использует данный таск менеджер. В данном случае для примера таск менеджер «ToDo list» будет прикреплен к одному пользователю, который будет жестко прописан. Теперь создадим метод «onRun». Данный метод, если мы посмотрим документацию, запускается при обращении в компоненте к нашему плагину. Но запускаться он будет во всех случаях, кроме обращения с помощью метода AJAX. При этом методе мы инициализируем нашу переменную «name», будет она у нас на «st» (simple training). Далее переходим на шаблон «default».

Удаляем все, что здесь есть, добавляем код «h1» и пишем, что таск относится к человеку, чье имя задано у нас в переменной «name».

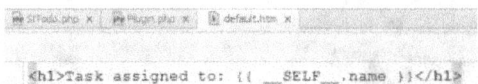

```
<h1>Task assigned to: {{ __SELF__.name }}</h1>
```

Обращаться к объекту мы будем с помощью «SELF», так как использовать прямой его алиес мы не можем в силу того, что пользователь CMS «October» может данный алиес менять. Поэтому мы будем использовать всегда «SELF» к обращению к текущему объекту. Теперь сохраняемся и смотрим, что у нас из этого получилось.

Мы здесь инициализировали, т.е. создали переменную «name», «name» эту инициализировали в «onRun» и сделали вывод «default.HTML».

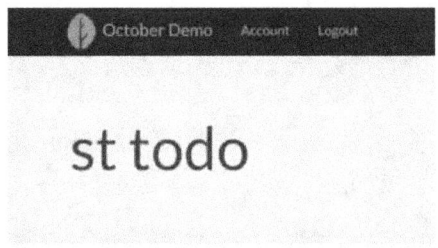

Теперь у нас, по идее, все должно заработать. Переходим на тестовую страничку приложения «ToDo», обновляем страницу и видим соответствующую надпись, что таск принадлежит пользователю «st».

2.6. Вывод задач

Создадим следующее свойство у нашего замечательного компонента. Свойство будет именоваться «tasks».

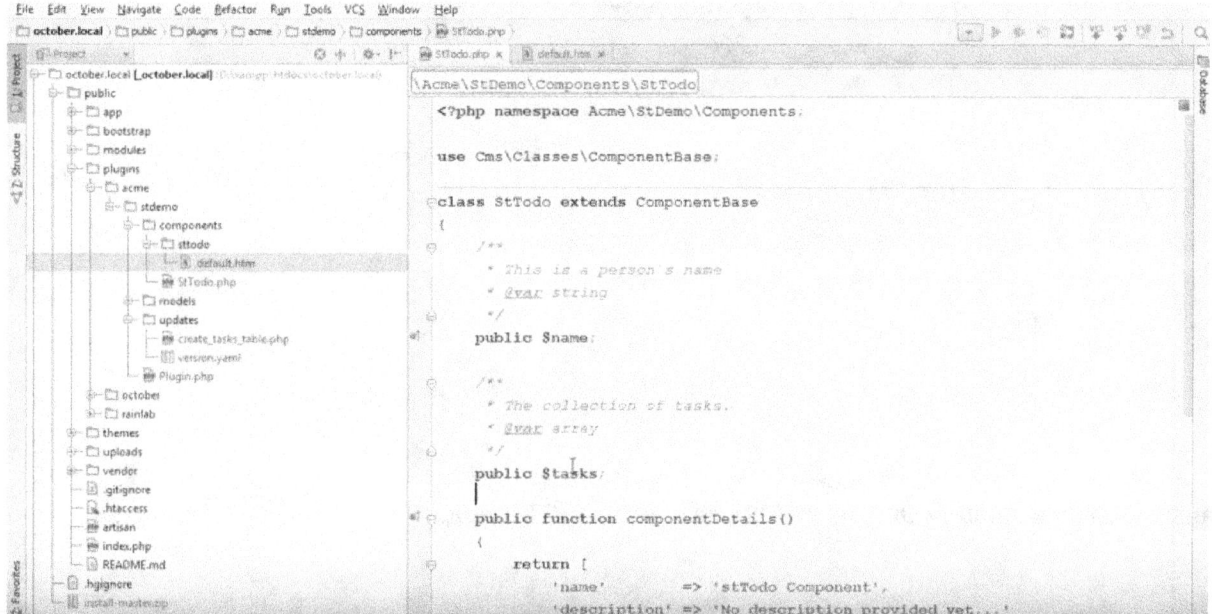

Именно здесь мы будем хранить наши задачи. Т.е. как хранить? - передавать будем: из базы забирать эту переменную и во «вьюху» передавать. Но сейчас мы заполним их тестовыми значениями, и сделаем это здесь в «onRun», чуть пониже.

```php
\Acme\StDemo\Components\StTodo
    public function componentDetails()
    {
        return [
            'name'        => 'stTodo Component',
            'description' => 'No description provided yet...'
        ];
    }

    public function defineProperties()
    {
        return [];
    }

    public function onRun()
    {
        $this->name = 'st';

    }
}
```

Это у нас будет как простой массив, который будет содержать в себе наши задачи. Теперь давайте выведем их.

```
StTodo.php ×    default.htm ×

\Acme\StDemo\Components\StTodo onRun

    }

    public function defineProperties()
    {
        return [];
    }

    public function onRun()
    {
        $this->name = 'st';

        $this->tasks = [
            'task1',
            'task2',
            'task3',
        ]
    }

}
```

Раньше мы шли в нашу «October» CMS и там писали HTML код.

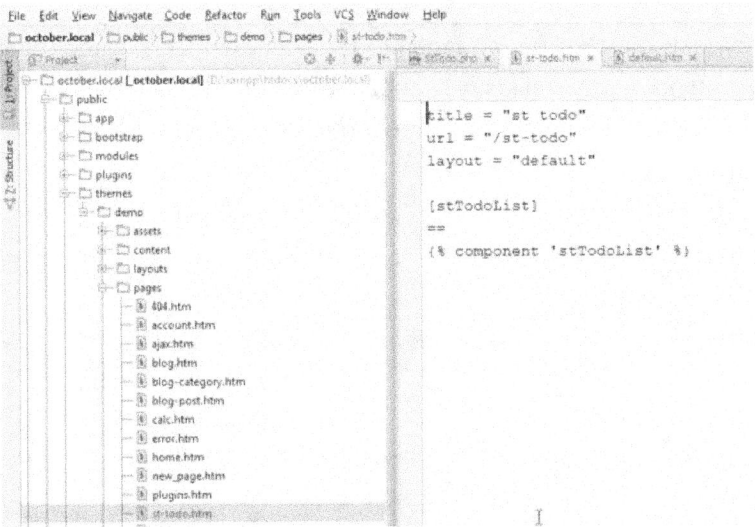

Теперь сделать все то же самое, но в нашей IDE. Т.е. нам потребуется найти код нашей странички и там свой код написать. Данная страничка у нас находится в папке «themes», папка «demo» и, вот, «pages». Именуется она «st-todo.htm». Вот наша страничка и сам HTML код начинается вот здесь. Запишем следующий код.

```
StTodo.php ×    st-todo.htm ×    default.htm ×

ul

title = "st todo"
url = "/st-todo"
layout = "default"

[stTodoList]
==

<ul>
    {% for task in tasks %}
    <li>
        {{task}}
    </li>
    {% endfor %}
</ul>
{% component 'stTodoList' %}
```

На данной строке происходит цикл, и мы будем обращаться к каждому элементу массива «tasks», значение элемента будет помещаться в переменную «tasks», и данную переменную мы будем здесь выводить. Все это обрамляем тегом «li».

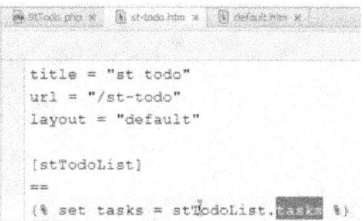

```
title = "st todo"
url = "/st-todo"
layout = "default"

[stTodoList]
==
{% set tasks = stTodoList.tasks %}
```

Напрямую к переменной «tasks» мы обращаться не можем, так как мы объявили ее иначе. В принципе, мы могли бы объявить ее таким образом, чтобы можно было обращаться напрямую, но это порождает некий конфликт, поэтому лучше придерживаться той стратегии, которой мы пошли. Т.е. сделать это как свойство объекта и обращаться как к свойству объекта. И чтобы данный цикл у нас заработал, мы должны ее инициализировать следующим образом. Мы уставливаем в переменной «tasks» значение, которое содержит свойство нашего объекта «stTodoList.tasks». И хотя мы данный компонент объявляем ниже, т.е. выводим на экран, но, тем не менее, при загрузке страницы он уже у нас инициализировался, и поэтому эти значения у нас уже есть. Сохраняемся, переходим в браузер, обновляем страничку.

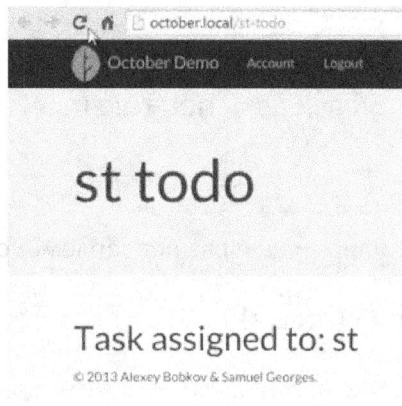

И видим наши таски – 3 штуки.

Ну, и логично будет перенести все это в саму компоненту. Давайте отсюда мы это заберем, и перенесем в нашу компоненту сюда. Сохраняемся.

```
<h1>Task assigned to: {{ __SELF__.name }}</h1>

{% set tasks = stTodoList.tasks %}
<ul>
    {% for task in tasks %}
    <li>
        {{task}}
    </li>
    {% endfor %}
</ul>
```

Проверяем, все ли у нас осталось в рабочем состоянии, обновляем страничку, все работает, и теперь здесь у нас прямое обращение к компоненту.

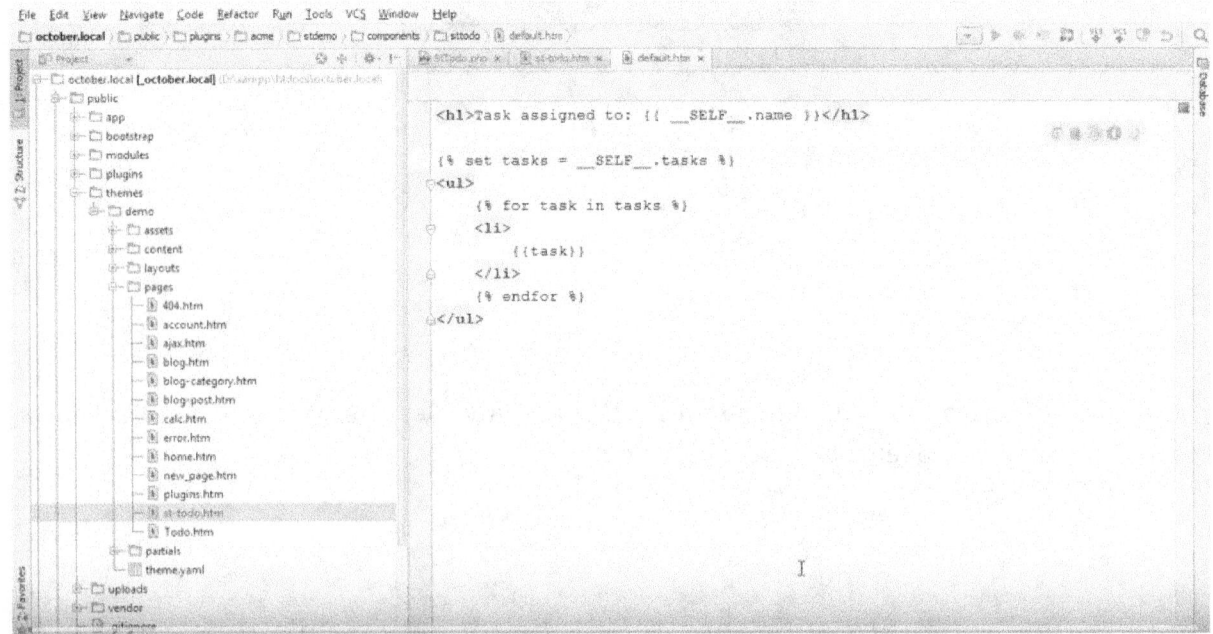

Мы его заменим на «SELF». Сохранились и еще раз проверяем. Все отлично работает.

2.7. Bootstrap & partial

Теперь давайте немного приукрасим Bootstrap-ом наш «TodoList», и я сейчас немного это все перепишу. Вот это мы удалим.

Инициализацию поставим повыше, и все, в принципе останется то же самое, только будет обрамлено всякими «div»-ами, классами и т.д.

```
{% set tasks = __SELF__.tasks %}
```

Что мы здесь имеем: мы открываем форму для того, чтобы мы могли сейчас реализовать функционал добавления новой задачи.

```
<form>

{% set tasks = __SELF__.tasks %}

<form>
    <div class="panel panel-default">
        <div class="panel-heading">
            <h1>Task assigned to: {{ __SELF__.name }}</h1>
        </div>
        <div class="panel-body">
            <div class="input-group">
                <input type="text" id="newItem" name="newTask" value="" class=
                <span class="input-group-btn">
                    <button type="submit" class="btn btn-primary">Add</button>
                </span>
            </div>

            <ul class="list-group" id="result">
                {% for task in tasks%}
                <li class="list-group-item">
                    {{task}}
                    <button class="close pull-right">&times;</button>
                </li>
                {% endfor %}
            </ul>
```

Далее мы открываем «div», который будет рисовать панель, далее в панели будет заголовок.

```
form div.panel.panel-default div.panel-body
    <div class="panel panel-default">
        <div class="panel-heading">
            <h1>Task assigned to: {{ __SELF__.name }}</h1>
        </div>
        <div class="panel-body">
            <div class="input-group">
                <input type="text" id="newItem" name="newTask" value="" class=
                <span class="input-group-btn">
                    <button type="submit" class="btn btn-primary">Add</button>
                </span>
            </div>

            <ul class="list-group" id="result">
                {% for task in tasks%}
                <li class="list-group-item">
                    {{task}}
                    <button class="close pull-right">&times;</button>
                </li>
                {% endfor %}
            </ul>

        </div>
    </div>
```

Этот заголовок наш «h1», который был выше, и который мы только что удалили. Вводим «name», кому принадлежит данный таск.

```
form div.panel.panel-default div.panel-body ul#result.list-group
                <div class="input-group">
                    <input type="text" id="newItem" name="newTask" value="" class="f
                    <span class="input-group-btn">
                        <button type="submit" class="btn btn-primary">Add</button>
                    </span>
                </div>

                <ul class="list-group" id="result">
                    {% for task in tasks%}
                    <li class="list-group-item">
                        {{task}}
                        <button class="close pull-right">&times;</button>
                    </li>
                    {% endfor %}
                </ul>

            </div>
        </div>
    </form>
```

Далее идет само тело панели, идет блок с добавлением нового элемента «div» с классом «input-group», здесь у нас 1 «input», ему задаем идентификатор «newItem», и «name» - «newTask». «Value» (логично было бы, конечно, одинаково) инициализируем в пустое значение, задаем ему класс. А также мы рисуем кнопочку, по нажатии на которую будет происходить это действие. «Button type» - «submit», т.е. при нажатии на эту кнопку наша форма «отсабмитит» туда, куда мы скажем и добавит новый элемент в базу данных. Следом ниже идет наш «ul», в котором мы выводим наши таски. Мы ему задает идентификатор «id» «result». Сюда мы будем помещать элементы, которые добавлены с помощью нашей кнопочки. Т.е. по умолчанию будет выводиться то, что есть в базе, если мы добавляем, то этот «id» нам потребуется для идентификации того или иного элемента, куда наш AJAX будет вставлять новые данные, т.е. сюда. Точно также мы пробегаемся по всем таскам и выводим их на экран, рисуя им кнопочку, с помощью которой можно будет удалять какой-то определенный таск. Ну вот, в принципе, и все. «Div» закрывается, форма закрывается. Так, я сейчас немножко сейчас вот так вот сделаю, чтобы вам было лучше видно. Вот, собственно, весь код. Сохраняемся, смотрим, что у нас получилось в браузере.

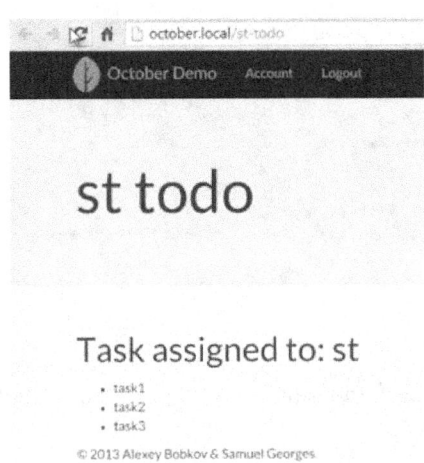

И так, вот, что у нас было, обновляем страницу, и смотрим, что у нас получилось: появилась чуть более симпатичная форма, в которой мы видим наш «input», где мы можем добавлять новые таски и видим список наших тасков с кнопочками, которые на текущий момент пока не работают.

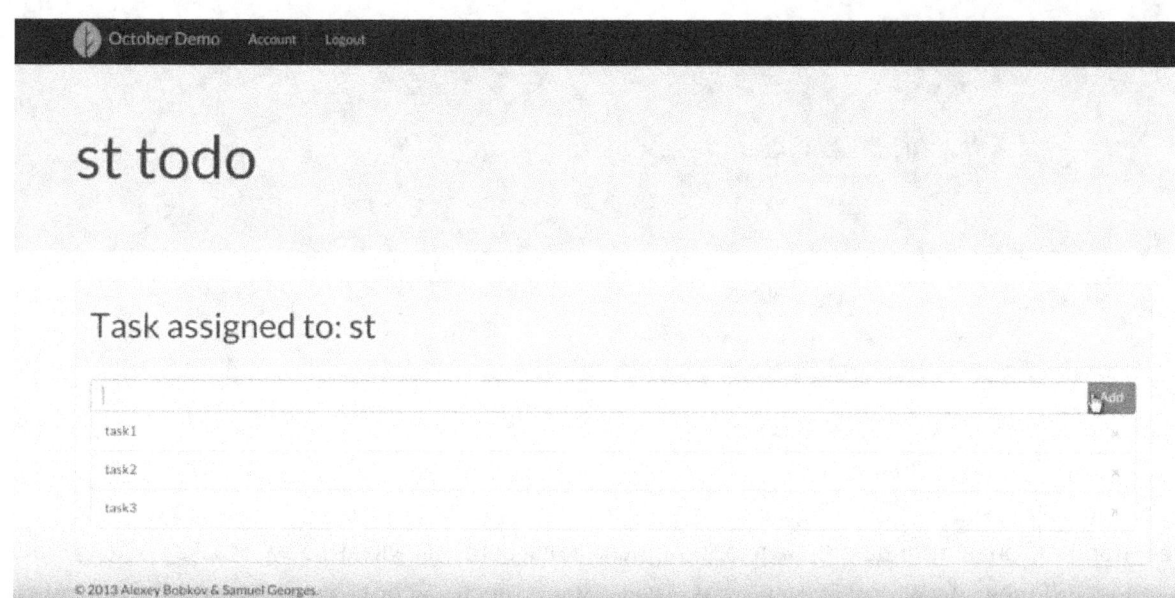

«Add» тоже у нас не работает. Давайте это дело оптимизируем. Мы создадим новый паршелл и вынесем вот этот кусок кода в отдельный файлик. Для этого мы переходим в папку нашего компонента «stTodo» и здесь создаем новый htm-файл (не HTML).

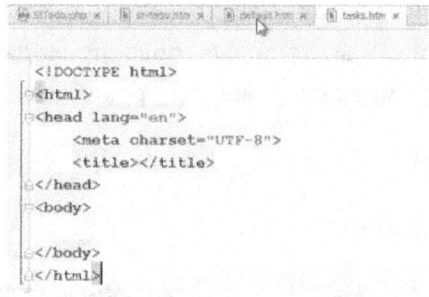

Вот наш новый файл, мы возвращаемся в «default», забираем отсюда данный кусок кода, идем сюда и здесь мы его оставляем. Теперь нам требуется подключить данный файл в наш «default». Записываем здесь следующую строку кода, указываем то, что мы используем паршелл.

```
form div.panel.panel-default div.panel-body

<form>
    <div class="panel panel-default">
        <div class="panel-heading">
            <h1>Task assigned to: {{ __SELF__.name }}</h1>
        </div>
        <div class="panel-body">
            <div class="input-group">
                <input type="text" id="newItem" name="newTask" value="" class="form-contr
                <span class="input-group-btn">
                    <button type="submit" class="btn btn-primary">Add</button>
                </span>
            </div>


        </div>
    </div>
</form>
```

Соответственно, нам нужно указать какой паршелл мы используем. Обращаемся к нашему объекту с помощью «SELF».

```
form div.panel.panel-default div.panel-body
    {# set tasks = __SELF__.tasks #}

    <form>
        <div class="panel panel-default">
            <div class="panel-heading">
                <h1>Task assigned to: {{ __SELF__.name }}</h1>
            </div>
            <div class="panel-body">
                <div class="input-group">
                    <input type="text" id="newItem" name="newTask" value="" class="form-contr
                    <span class="input-group-btn">
                        <button type="submit" class="btn btn-primary">Add</button>
                    </span>
                </div>

                {% partial __SELF__ ~ '::tasks' tasks=__SELF__.tasks %}

            </div>
        </div>
    </form>
```

Далее пробел, знак тильда (~), и в одинарных кавычках мы указываем «tasks» - имя нашего паршелла. Далее нам требуется, так как мы здесь используем переменную «tasks», соответственно, мы должны ее туда передать. Здесь мы ее инициализируем. Эту инициализацию нужно закомментировать, она нам не нужна. Данная переменная будет инициализироваться здесь точно также - «SELF. tasks». Обратите внимание: здесь нужно писать все без ошибок, одна маленькая ошибка, и данный файл не подключится. И обратите внимание, чтобы не было HTML, должно быть HTM. И так, таски у нас тестовые пока приходят, пока не из базы, но ничего страшного. Мы здесь все оптимизировали, настало время все это протестировать. Мы должны убедиться, что все это работает.

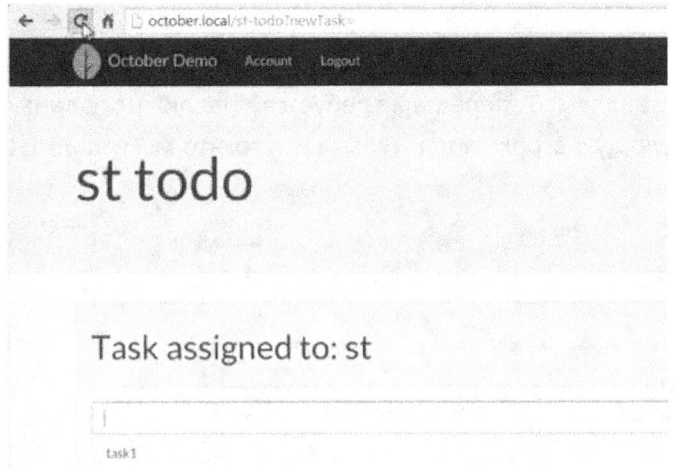

Переходим в браузер, обновляем страничку и видим, что все осталось без изменения.

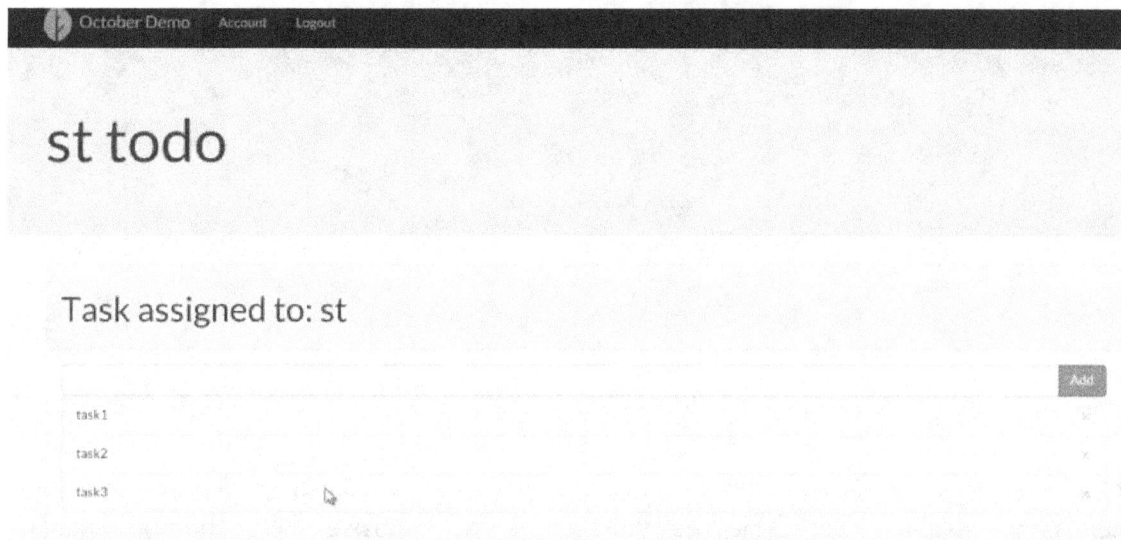

st todo

Task assigned to: st

task 1	
task 2	
task 3	

Все у нас отлично работает.

2.8.   Добавление задачи

Теперь давайте реализуем функционал добавления новой записи в табличку. Для этого мы должны указать, куда будут посылаться эти данные, что будет обрабатываться и куда это все в конечном итоге придет.

```
{# set tasks = __SELF__.tasks #}

<form data-request="{{ __SELF__ }}::onAddItem"
      data-request-success="$('#newItem').val('')"
      data-request-update="'{{ __SELF__ }}::tasks': '#result'">
```

И так, «data-request» - это то, куда мы будем отправлять наш пост-запрос, т.е. тот экшн, который будет обрабатывать наш пост-запрос. Соответственно, в случае успеха мы обновим наш элемент «newItem», «value» ему сотрем. Далее, после добавления элемента мы должны будем обновить наш список задач. Поэтому в «data-request-update» мы указываем переменную «tasks», и указываем тот элемент, куда все это будет добавляться, т.е. не переменную, а наш паршелл, который должен будет все это сгенерировать нам.

```php
        }

    public function defineProperties()
    {
        return [];
    }

    public function onRun()
    {
        $this->name = 'st';

        $this->tasks = [
            'task1',
            'task2',
            'task3',
        ];

    }
}
```

Переходим в объект нашего плагина, нашего компонента. Здесь у нас была в «onRun» инициализация наших тасков, мы ее убираем, чуть попозже мы заполним правильную инициализацию.

```php
    public function componentDetails()
    {
        return [
            'name'        => 'stTodo Component',
            'description' => 'No description provided yet...'
        ];
    }

    public function defineProperties()
    {
        return [];
    }

    public function onRun()
    {
        $this->name = 'st';

    }

}
```

А сейчас мы добавим новый метод «Add»: «onAddItem» - куда мы будем отправлять наш пост-запрос.

```
St Todo.php ×   st-todo.htm ×   default.htm ×   tasks.htm ×
\Acme\StDemo\Components\StTodo onAddItem
        {
            return [];
        }

        public function onRun()
        {
            $this->name = 'st';

        }

        public function onAddItem()
        {
            $taskName = post('newTask');

            $task = new Task;
            $task->title = $taskName;
            $task->save();

            $this->page['tasks'] = Task::lists('title');
        }
    }
```

Заводим переменную «taskname», с помощью функции «post» мы берем наши отправленные из HTML странички пост-данные «newTask». Далее мы создаем нашу новую модель. Далее мы создаем объект модели Task, заполняем ее, указываем «title» как «new» - новое название нашего таска и вызываем метод «save». Далее, мы объявляем переменную «tasks» как мы ее выше объявляли, но несколько иначе, мы с помощью «pages» присваиваем «tasks», заполняем ее, делая запрос всех тасков из таблицы с помощью нашей модели.

```
St Todo.php ×   st-todo.htm ×   default.htm ×   tasks.htm ×
ul#result.list-group
<ul class="list-group" id="result">
    {% for task in tasks %}
    <li class="list-group-item">
        {{task}}
        <button class="close pull-right">&times;</button>
    </li>
    {% endfor %}
</ul>
```

Основное отличие данной инициализации переменной «tasks», которая у нас будет использоваться на страничке от того, как мы делали это выше, это в том, что нам не потребуется указывать имя объекта.

```
St Todo.php ×   st-todo.htm ×   default.htm ×   tasks.htm ×

    <?php namespace Acme\StDemo\Components;

use Cms\Classes\ComponentBase;
use Acme\Stdemo\Models\Task;

class StTodo extends ComponentBase
{
    /**
     * This is a person's name
     * @var string
     */
    public $name;

    /**
     * The collection of tasks.
     * @var array
     */
    public $tasks;

    public function componentDetails()
    {
        return [
            'name'          => 'stTodo Component',
```

Мы можем напрямую это все делать, т.е. здесь мы обращаемся напрямую, но данную переменную мы инициализируем «default». В текущем функционале у нас шаблон «default» затрагиваться не будет, а шаблон «tasks» у нас перегенерируется, и мы его отправим. Поэтому к данной переменной мы должны будем обратиться напрямую. И чтобы это сделать мы ее инициализируем таким образом. В принципе, и наверху можно было в «onRun» напрямую обратиться, но лучше в идеале не обращаться, т.к. могут быть какие-то конфликты с другими плагинами. Здесь мы этот вывод сделали, и теперь нам потребуется в «onRun» точно также сделать запрос из базы, чтобы вывести данные по умолчанию при загрузке страницы. Запишем для этого следующий код.

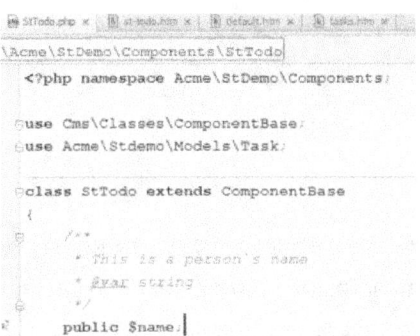

В принципе, то же самое, что и здесь, только мы здесь уже в свойства прописали. И чтобы мы могли обращаться и создавать объекты нашей модели, мы должны эту модель здесь подключить (автоматом она не подключится, к сожалению): *Acme\Stdemo\Models\Tasks.* Давайте посмотрим, вот она - Tasks, не Task. Теперь у нас все должно работать. Что мы здесь сделали? Мы сделали инициализацию уже из базы, т.е. сейчас мы должны видеть пустоту, и мы сделали сохранение.

Перейдем в браузер, давайте обновим страничку.

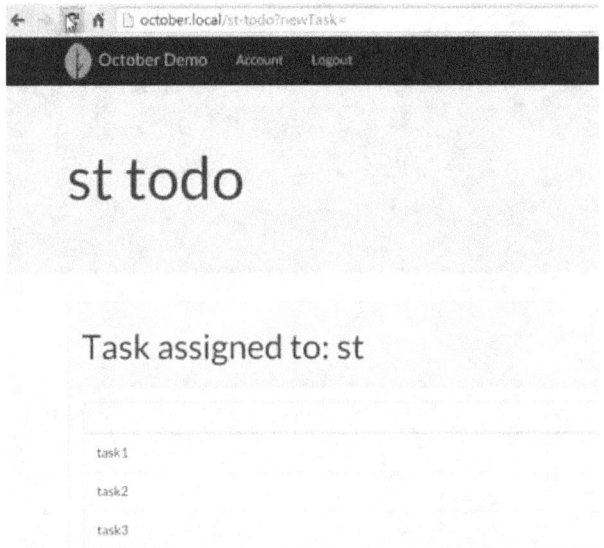

И вот эти таски у нас должны будут пропасть.

Да, тасков нет, и мы заведем сейчас новое. Добавили, вроде как добавился, ушел в базу, в базе сгенерировался у нас новый паршелл, и сюда он пришел и вставился в элемент с идентификатором «id». Давайте сейчас по коду посмотрим, что я сейчас наговорил вам.

```
form
{# set tasks = __SELF__.tasks #}

<form data-request="{{ __SELF__ }}::onAddItem"
    data-request-success="$('#newItem').val('')"
    data-request-update="'{{ __SELF__ }}::tasks': '#result'">

    <div class="panel panel-default">
        <div class="panel-heading">
            <h1>Task assigned to: {{ __SELF__.name }}</h1>
        </div>
        <div class="panel-body">
            <div class="input-group">
                <input type="text" id="newItem" name="newTask" value="" class="form-contr
                <span class="input-group-btn">
                    <button type="submit" class="btn btn-primary">Add</button>
                </span>
            </div>

            {% partial __SELF__ ~ '::tasks' tasks=__SELF__.tasks %}

        </div>
    </div>
</form>
```

Вот наш элемент с идентификатором «id».

```
\Acme\StDemo\Components\StTodo
    }

    public function onRun()
    {
        $this->name = 'st';
        $this->tasks = Task::lists('title');
    }

    public function onAddItem()
    {
        $taskName = post('newTask');

        $task = new Task;
        $task->title = $taskName;
        $task->save();

        $this->page['tasks'] = Task::lists('title');
    }
}
```

Здесь мы указали то, что он будет обновляться, когда придут данные, и какие данные нужно будет туда вставлять, что и произошло. Теперь давайте обновим страничку, убедимся, что это у нас действительно в базе.

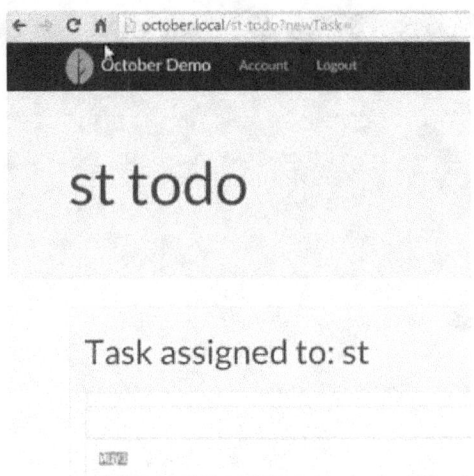

Смотрите, вот тут непорядок – «get»-запрос. Почему-то здесь «get»-запрос. Где-то мы допустили ошибку. Вообще если вот тут что-то напутать, написать не так, забыть какую-то кавычку, то запрос вместо «post»-а будет отправляться «get»-ом. Он вроде как сработает, запрос идет, но идет он «get»-ом, и там, где допустили ошибку, там обновлений не будет. Но у нас все обновилось и в табличку попало, почему там эта штука появилась, непонятно. Вроде как бы все хорошо, давайте еще раз протестируем, переходим на эту же страницу, этот «get»-запрос удалим, обновим страницу.

Да, может быть мы страницу не обновляли, хотя вроде обновляли, добавим еще одну запись, нажимаем «Add», ну вот, сейчас все хорошо, никакой «get»-запрос не появился, еще одну запись добавим. Да, все отлично. Всем спасибо за просмотр, с вами был Дмитрий.

3. Статические страницы

3.1. Вступление

Приветствую вас, друзья, с вами Дмитрий. И в этой серии видео-уроков мы с вами рассмотрим такой замечательный плагин для «October» CMS как Static Pages.

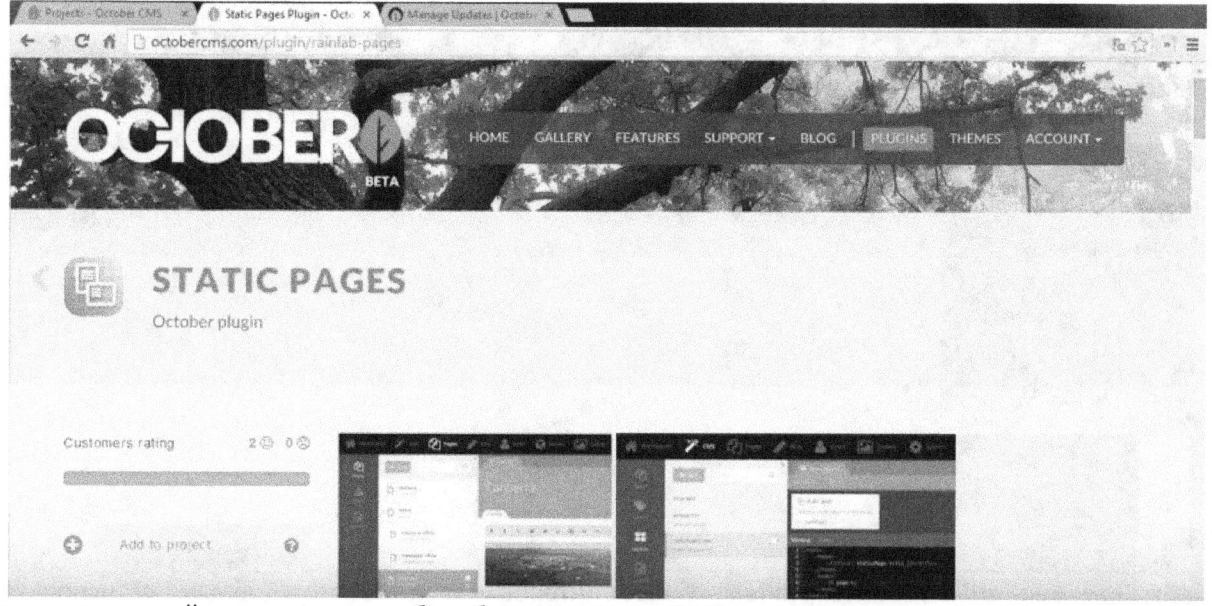

По идее, данный плагин должен был быть встроен в CMS изначально, т.к. он решает и упрощает очень многие базовые задачи при создании сайтов. Как минимум сайты низкой сложности, такие как сайты-визитки, можно очень быстро реализовать с помощью данного плагина. В принципе, такие сайты можно реализовать и с помощью базового функционала CMS, но с этим плагином задача будет решена быстрее и проще. И плагин несет в себе достаточно мощный функционал, который можно будет использовать для создания более серьезных сайтов. С одной стороны, плагин достаточно прост в использовании, с другой стороны, без документации, интуитивно разобраться в нем очень сложно. И этот небольшой видео-курс несет в себе цель ускорить изучение работы с данным плагином, сидя за чашкой чая, вместо чтения документации на английском языке.

3.2.   Загрузка плагинов

В этом видео мы рассмотрим наиболее удобный способ подключения плагина к нашему проекту на «October» CMS. Как вы можете помнить из предыдущих видео, мы плагины подключали вот на этой странице путем их поиска и нажатием кнопочки «Install plugin».

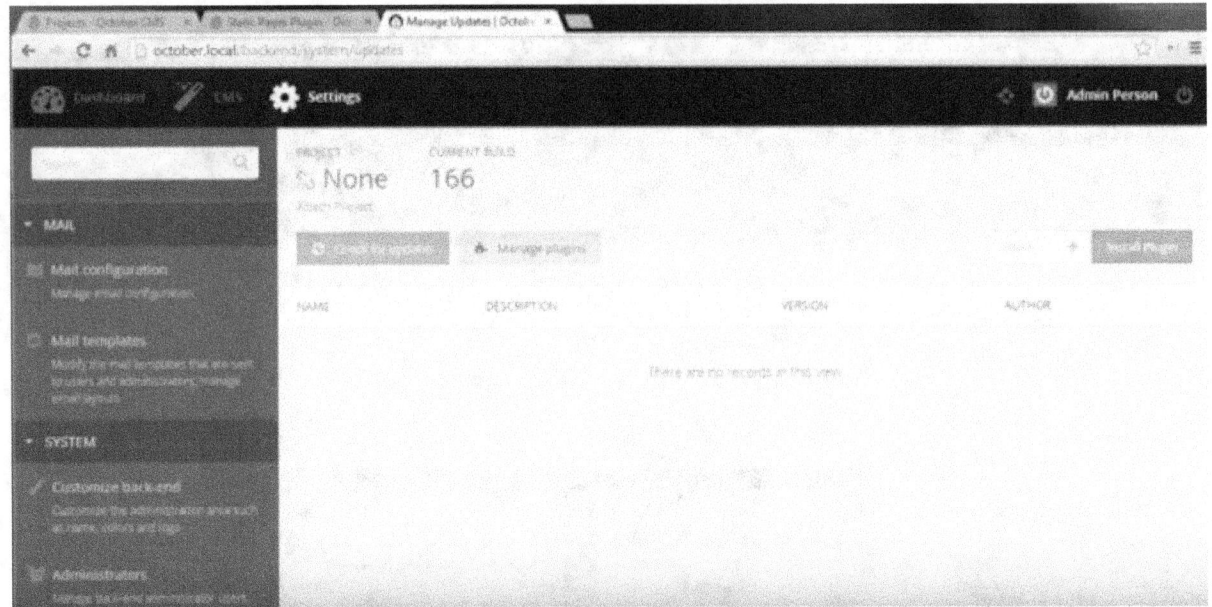

В этот раз мы пойдем иным путем, более интересным и более удобным. Я использую свежеустановленный «October» без каких-либо плагинов для чистоты эксперимента. Переходим на сайт «October» CMS и создаем здесь свой аккаунт. После создания аккаунта переходим на вкладку «Project».

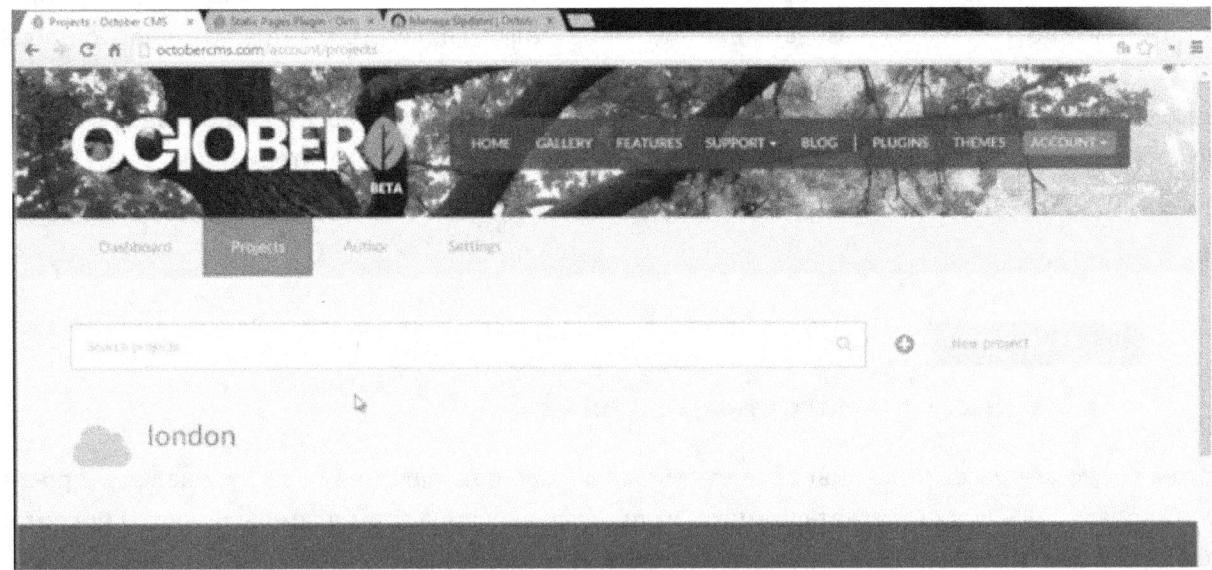

Один проект у меня уже есть, и я сейчас создаю новый проект, нажимаю на кнопочку «New Project».

Название будет «screencast», и в «description» по умолчанию поставлю «screencast».

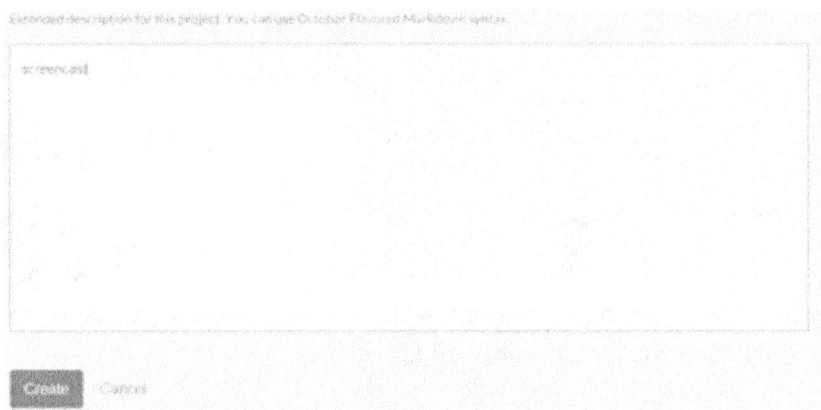

Нажимаю «create», проект создан.

У данного проекта есть свой уникальный идентификатор.

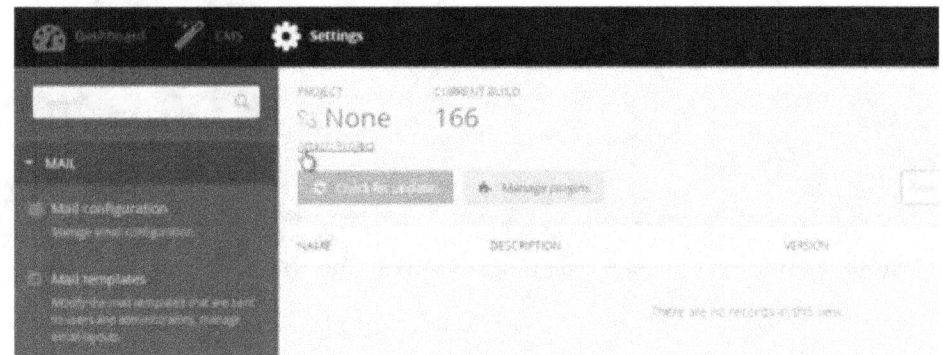

Вот он, я его копирую.

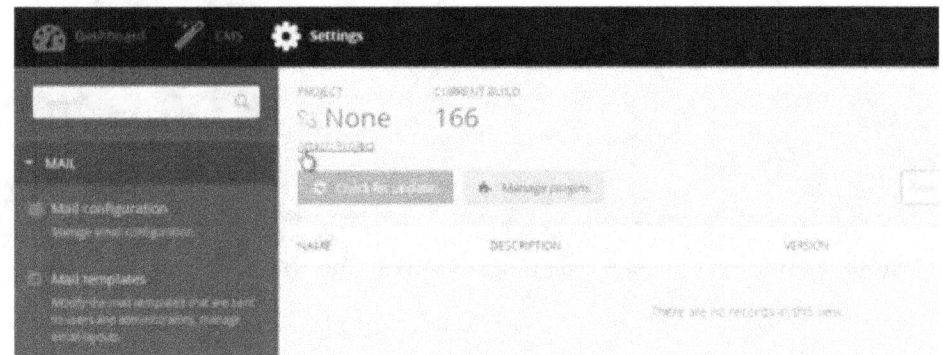

Затем перехожу в панель управления своего сайта, и здесь есть такая ссылочка «Attach project», нажимаю на ссылочку, вставляю данные в «Project ID», нажимаю на кнопочку «Attach project».

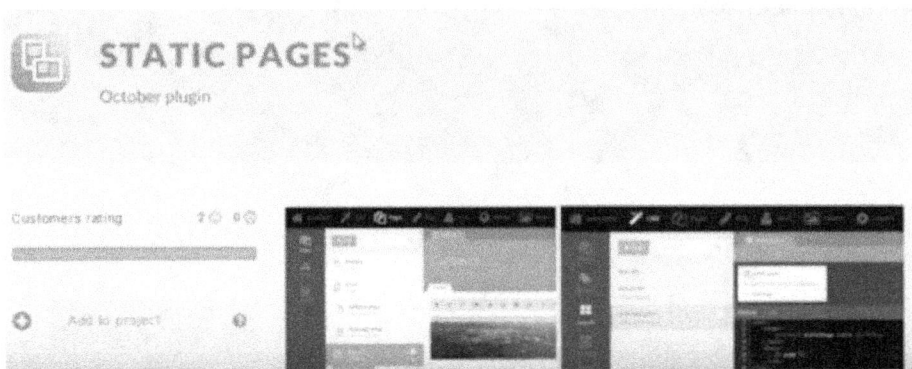

И так, проект у нас «приаттачился», и теперь мы можем продолжать работу. Далее мы переходим на сайт «October»-я, открываем плагин Static Pages, вот данный плагин.

Я обновлю страничку, чтобы он увидел мой новый проект, и теперь просто по нажатии данной кнопочки я могу добавить данный плагин в свой проект.

Нажимаю на кнопку, выбираю проект «screencast» и нажимаю «добавить».

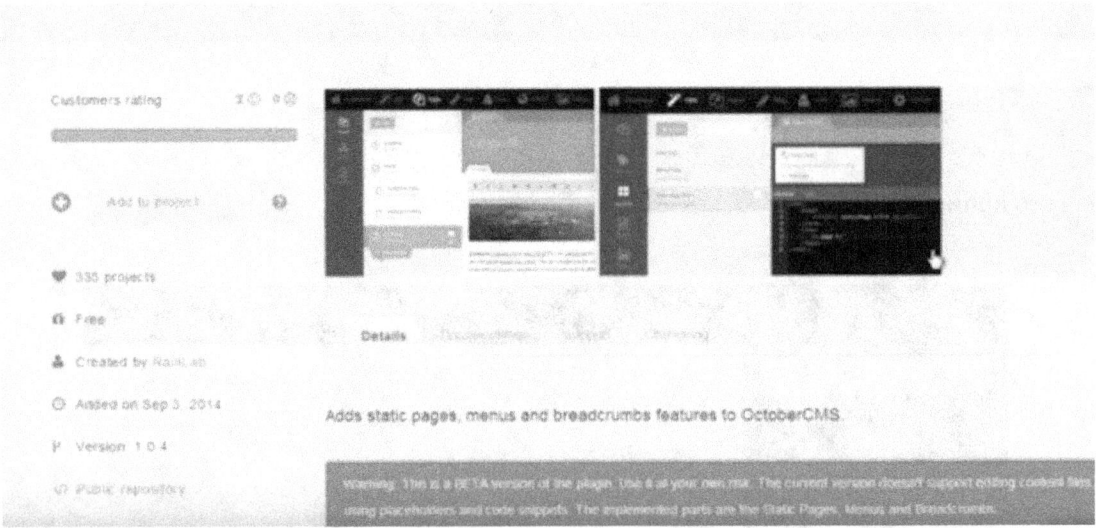

Данный плагин добавлен, и теперь мне еще понадобится плагин блога.

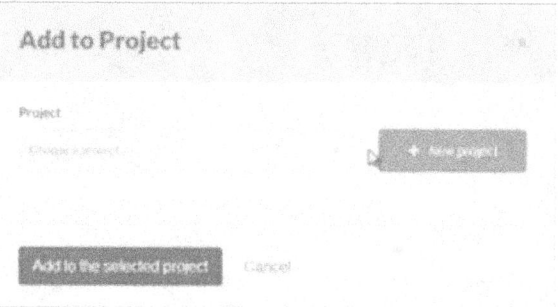

Я перехожу на страницу плагин блога.

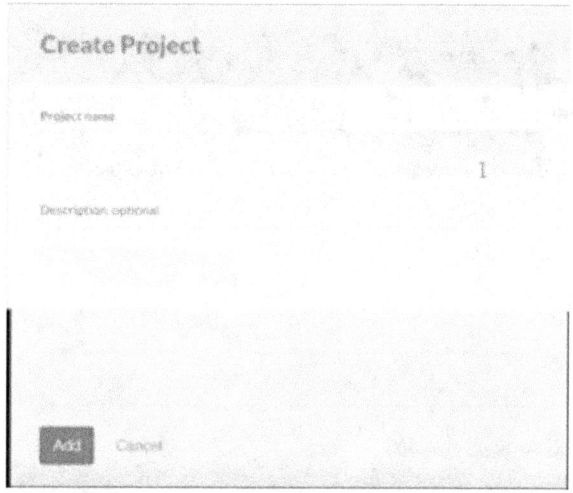

И точно также добавляю его в проект.

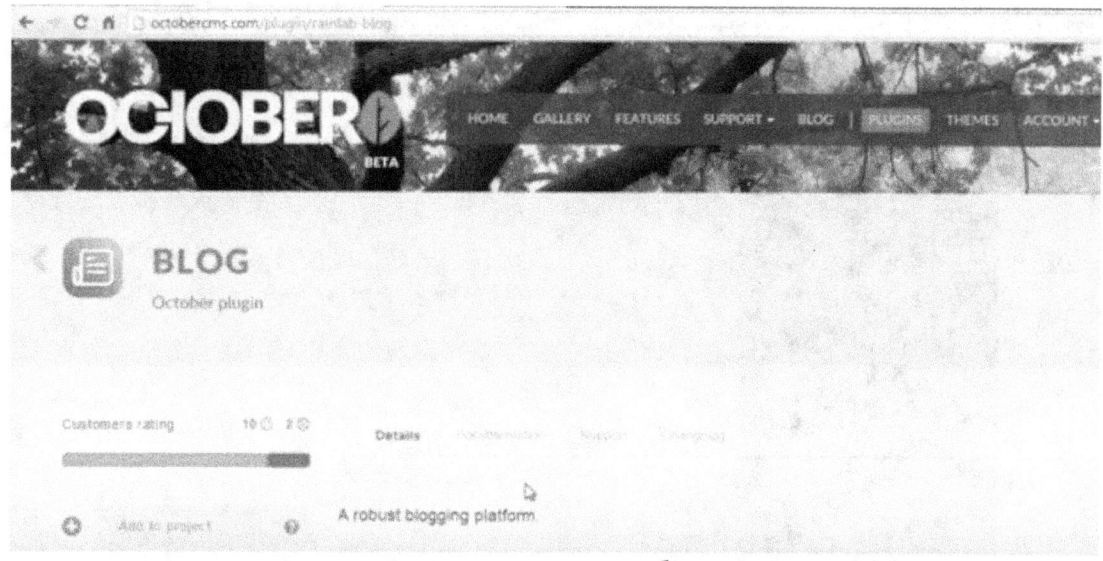

Выбираю проект «screencast», нажимаю на кнопочку «добавить».

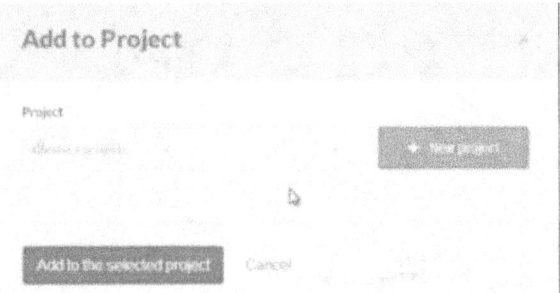

Плагин успешно добавлен, и если я перейду на страничку нашего плагина «screencast».

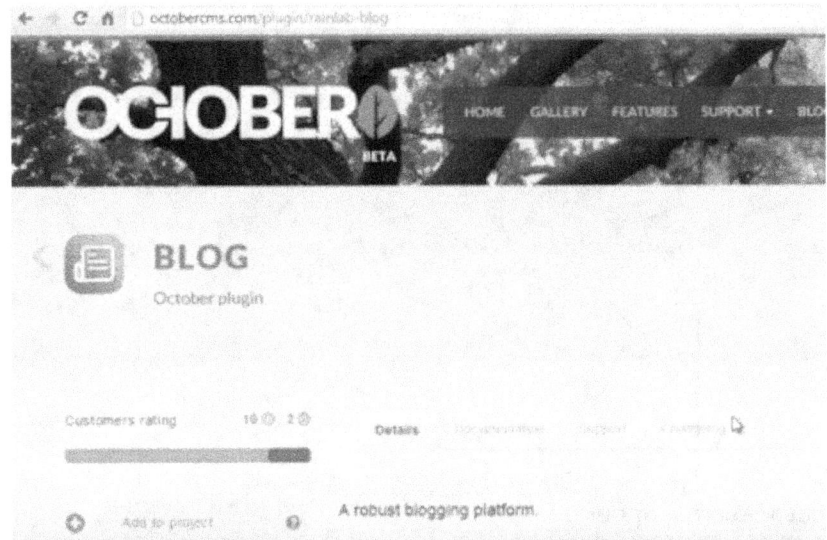

Обновлю страничку, то мы здесь увидим то, что к данному проекту у нас добавлено 2 плагина.

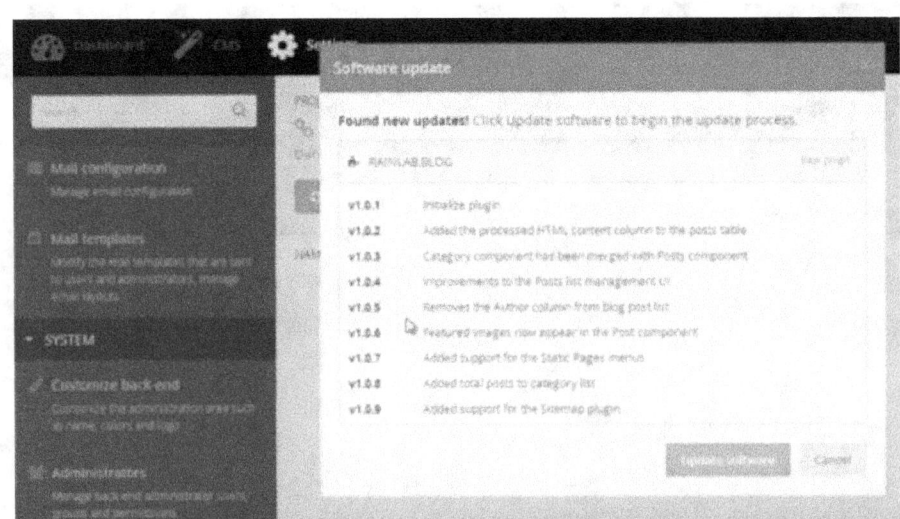

Далее перехожу в панель управления своим сайтом, нажимаю на кнопочку «check for updates», и данные плагины, которые я только что выбрал, у меня сейчас успешно установятся.

Готово.

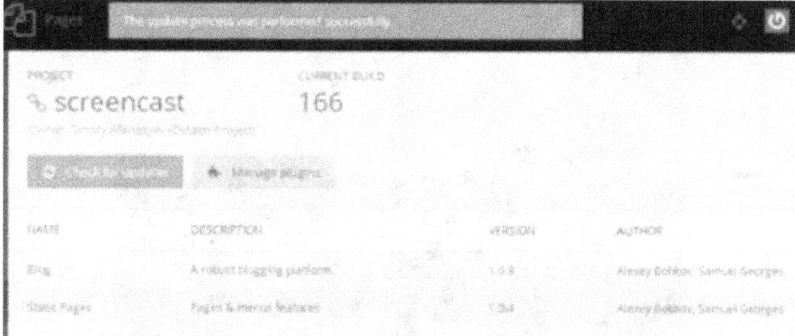

Плагины у нас успешно установились.

3.3. Создание Static Layout

Первое, что нам потребуется сделать для изучения Static Pages, это создать Static Layout. Обычные лайауты у нас просто так видны не будут, нам нужен свой отдельный.

И так, переходим в CMS, переходим в Layout, нажимаем на кнопочку «Add».

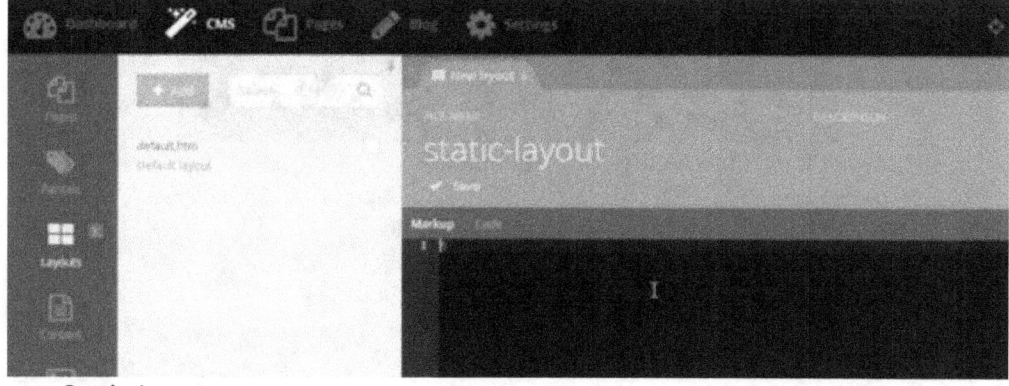

Назовем его «Static-Layout».

И заполним его следующим кодом.

Это стандартный бутстраповский шаблон.

И взяли мы его вот отсюда.

Т.е. наш тестовый сайтик будет выглядеть таким образом.

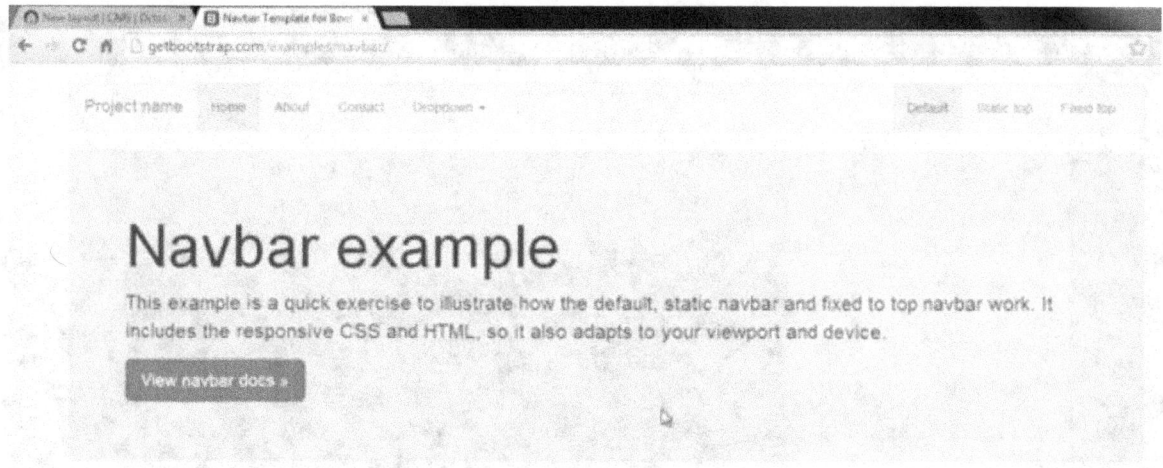

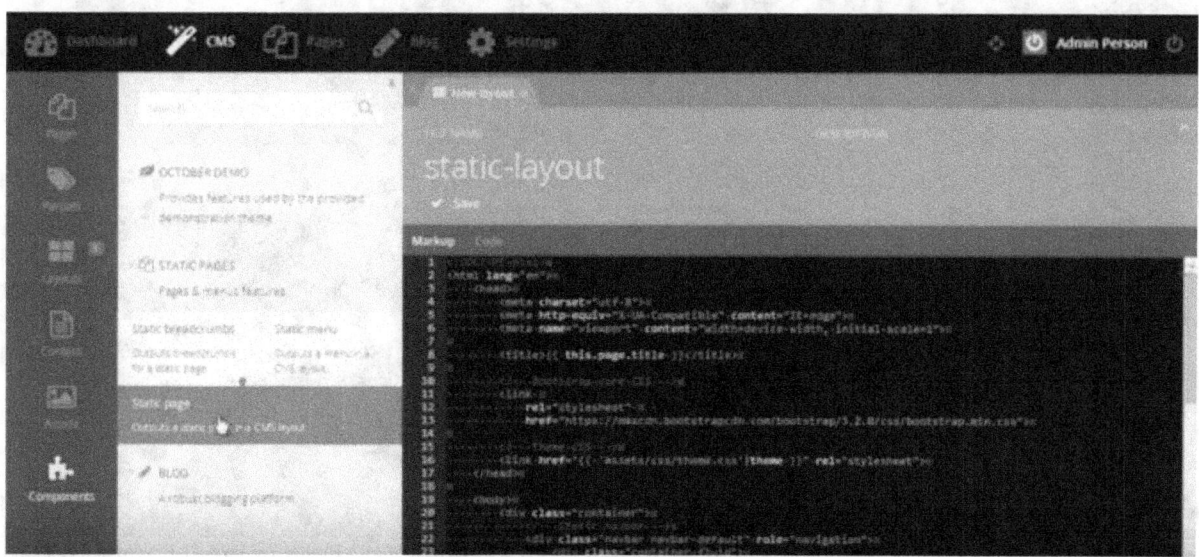

Теперь для того, чтобы наш плагин Static Pages видел данный лайаут, нам потребуется перейти в компоненты Static Pages и выбрать Static Page. Сохраняемся.

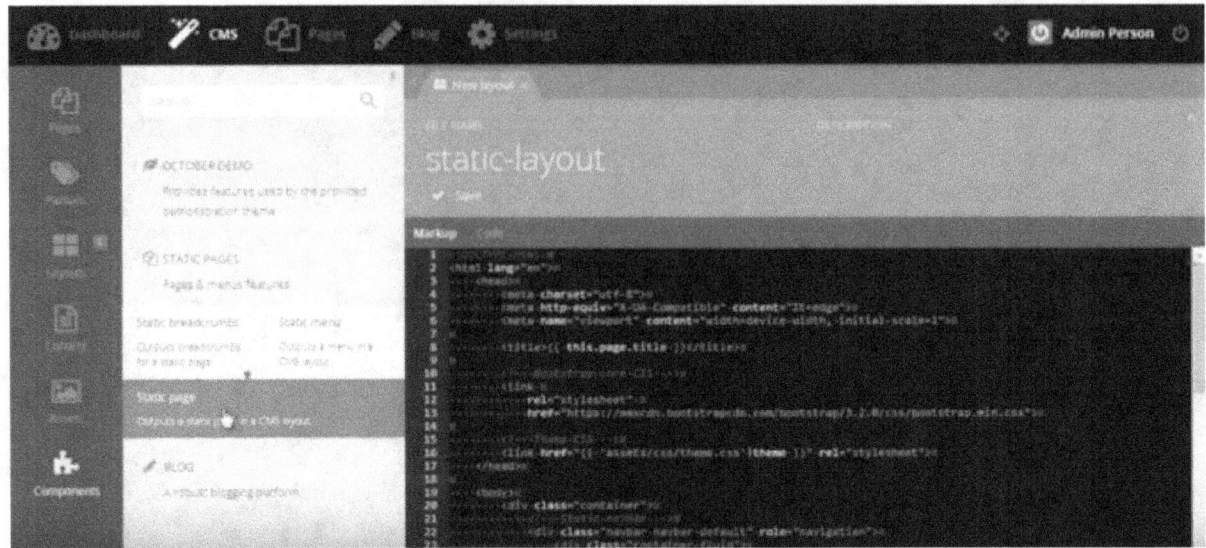

И так, наш лайаут для работы со Static Pages готов.

3.4. Создание страниц сайта

Теперь создадим страницы нашего сайта. Для этого переходим на вкладку «Pages», это у нас главная вкладка нашего компонента Static Pages, и добавляем странички.

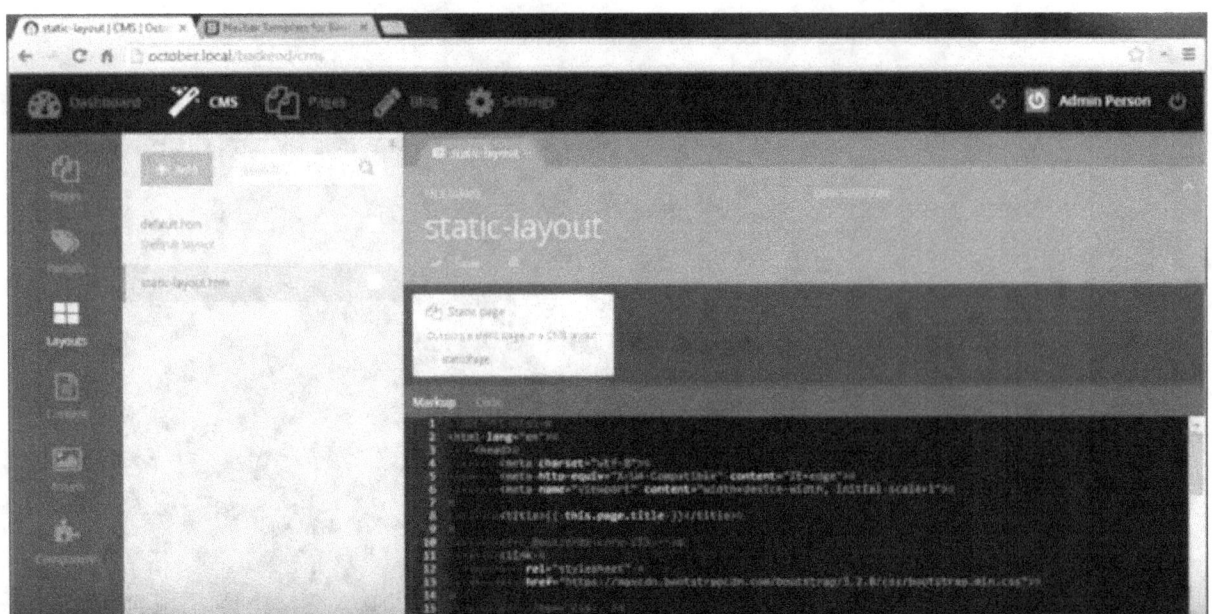

Нажимаю кнопочку «Add», страничка будет называться «Home» - главная страница нашего сайта, обратный слеш у нас в виде URL, и т.к. мы заранее создали лейаут, он у нас автоматически туда установился.

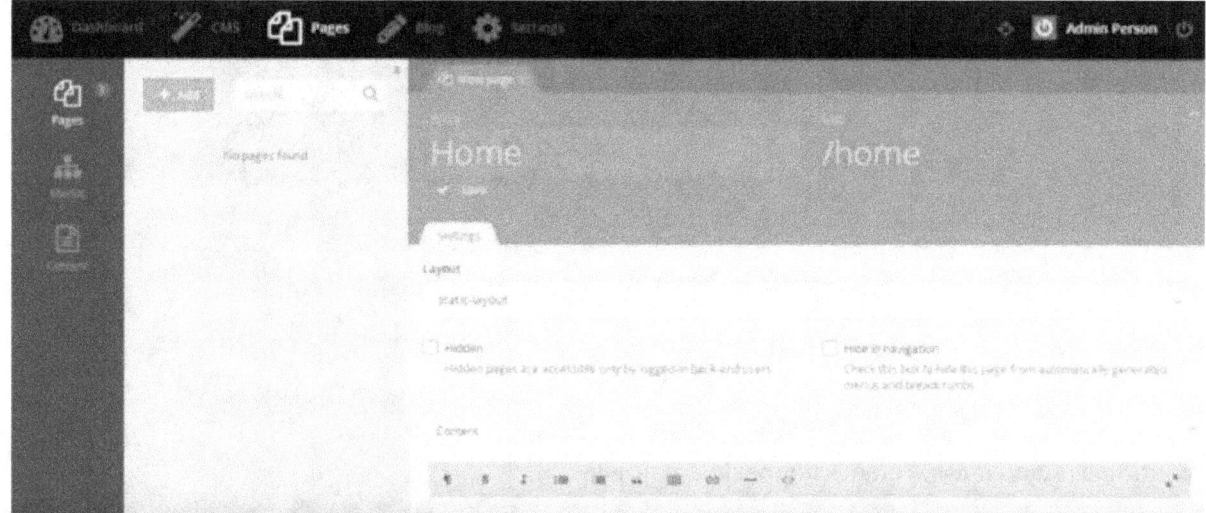

Если бы мы делали все наоборот, сначала создавали ряд страничек, а затем лейаут, то нам пришлось бы переходить на каждую страничку и выбирать лайаут.

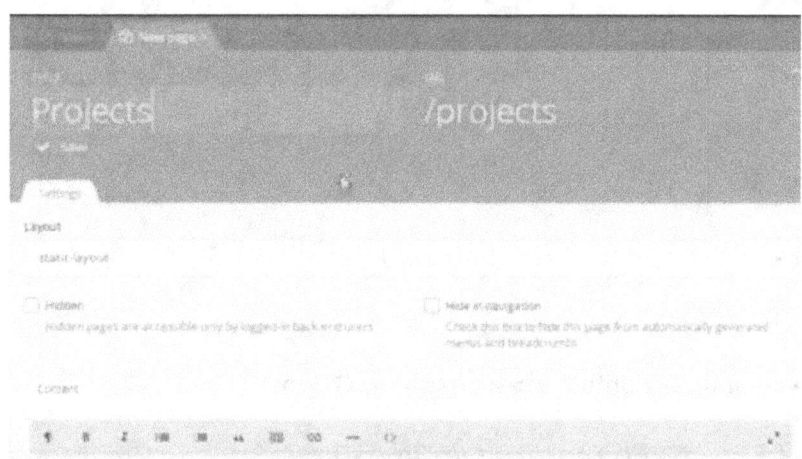

Но т.к. мы все сделали правильно, то у нас первый попавшийся лейаут статичный по умолчанию выставляется. Сохраняемся, добавляем следующую страничку, будет она называться «Projects», и данная страница будет иметь подстраницы. Находясь в «Projects», выбираем «добавить подстраницу».

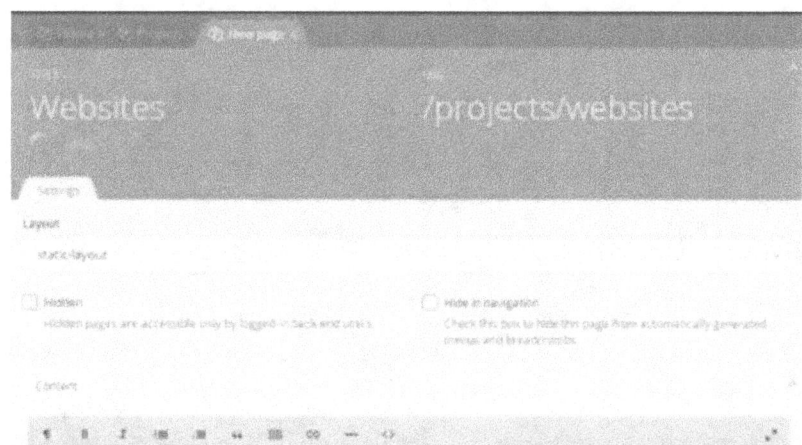

Первая подстраница будет называться «Websites», сохраняемся. Также добавляем еще одну, называться она будет «Applications».

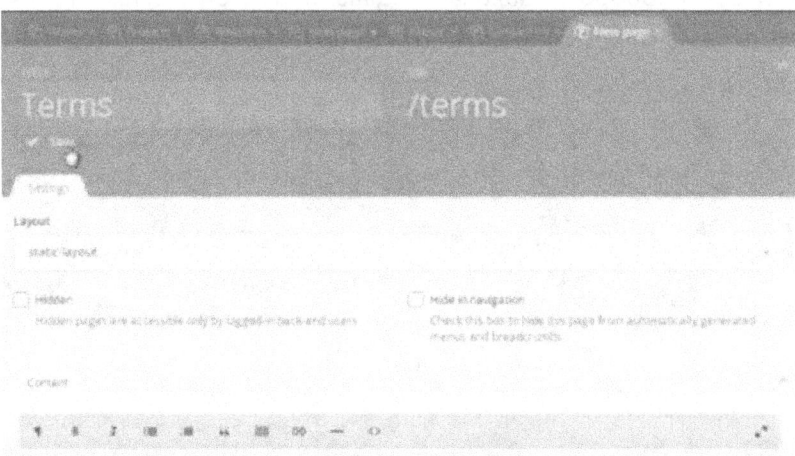

И точно также добавляем еще 3 тестовые странички:

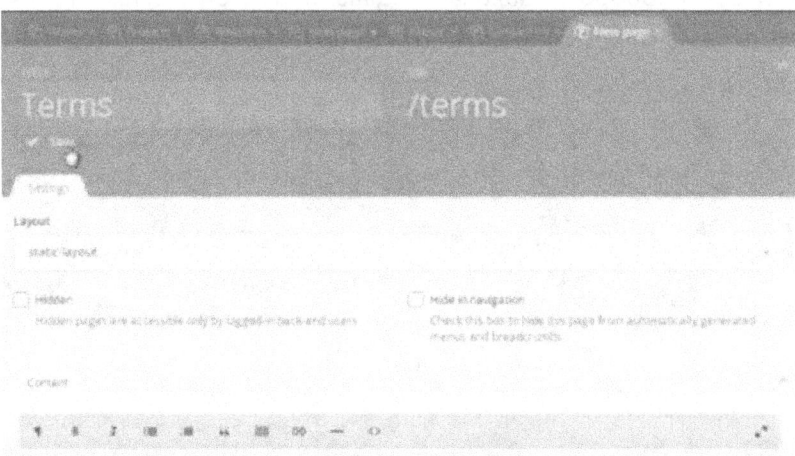

Страница «About», страница «Contact us» и страница «Terms».

3.5. Создание меню сайта

Теперь давайте создадим меню для нашего сайта, и данное меню по нашей бизнес-логике должно содержать все данные страницы, только что нами созданные.

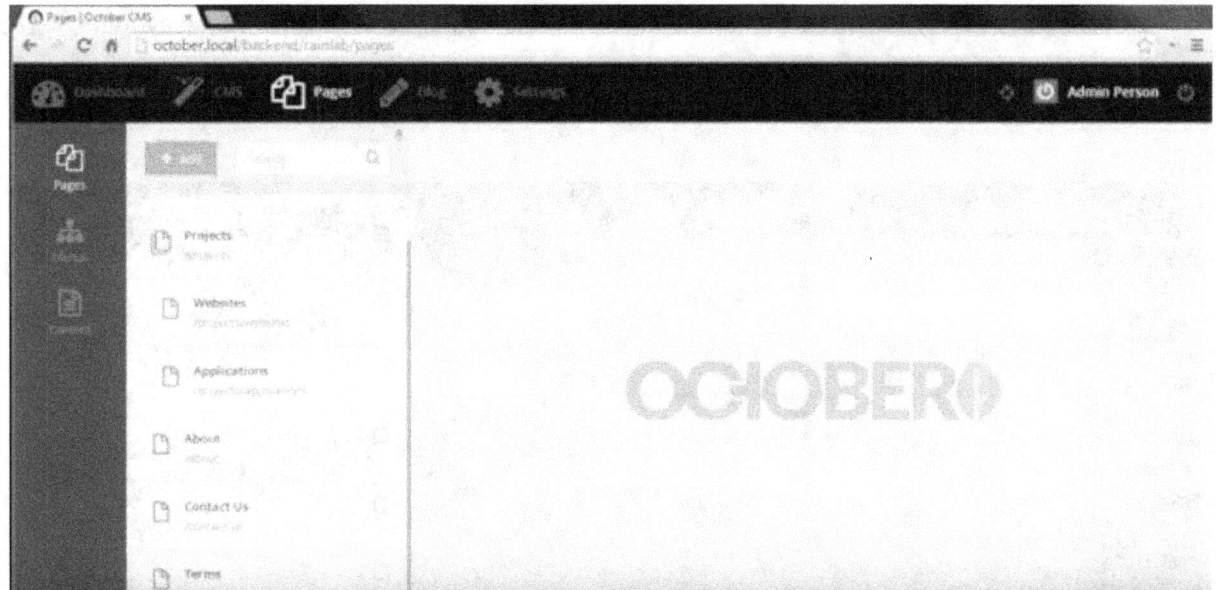

Для этого переходим в пункт «Menus», нажимаем «Add», называться данное меню будет «Main menu-left».

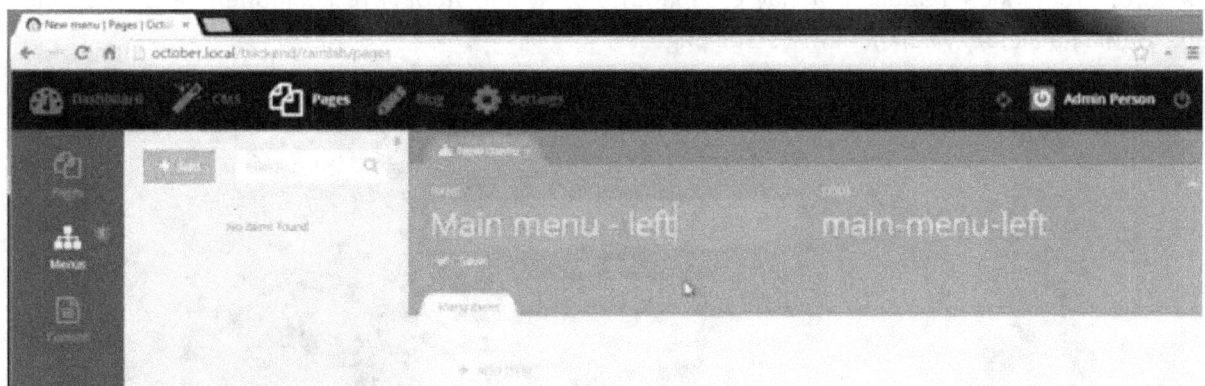

У нас будет 2 меню, одно верхнее, так называемое левое, и одно боковое справа. Здесь у нас будет 1 элемент, нажимаем «Добавить».

Укажем ему заголовок «All pages», и тип выберем «All static pages».

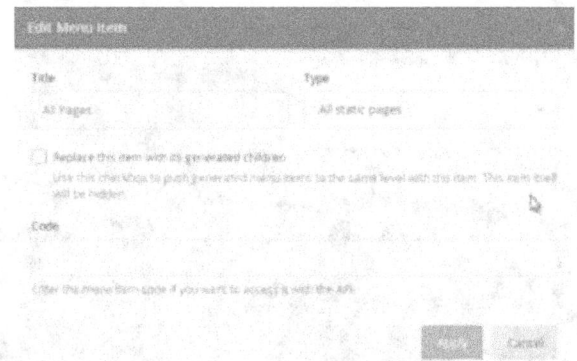

Установим галочку «заменить все элементы», нажимаем «Apply», и наше меню готово. Как вы понимаете, само меню на странице не появится. Нам нужно указать, где оно будет появляться.

Для этого нам потребуется вернуться на наш лейаут, переходим на вкладку CMS, «Layouts», «static layout».

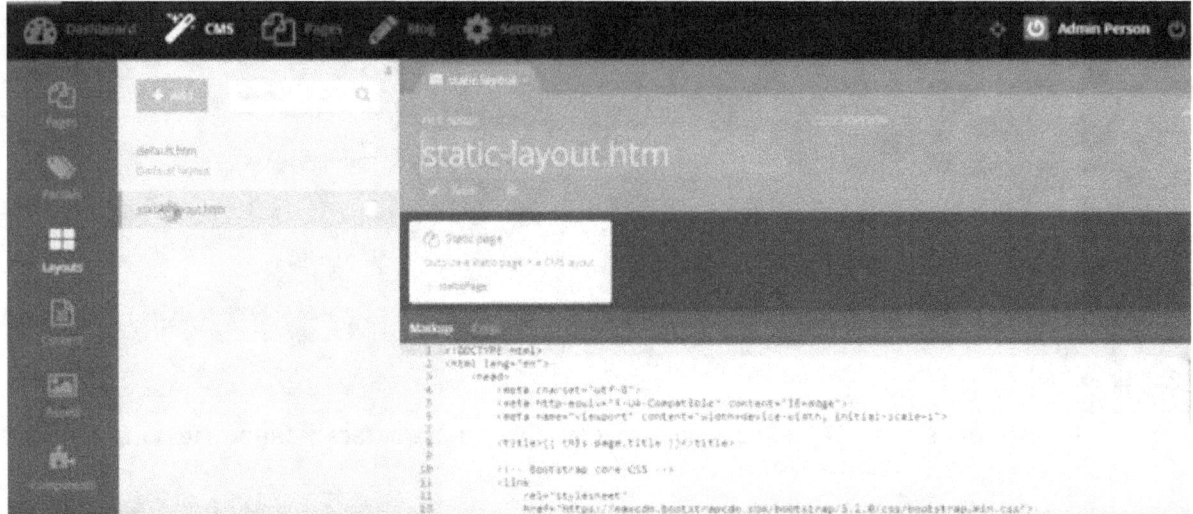

Для того, чтобы меню здесь в лейауте заработало, нужно добавить компонент в данное меню. Переходим на вкладку компонент «static pages».

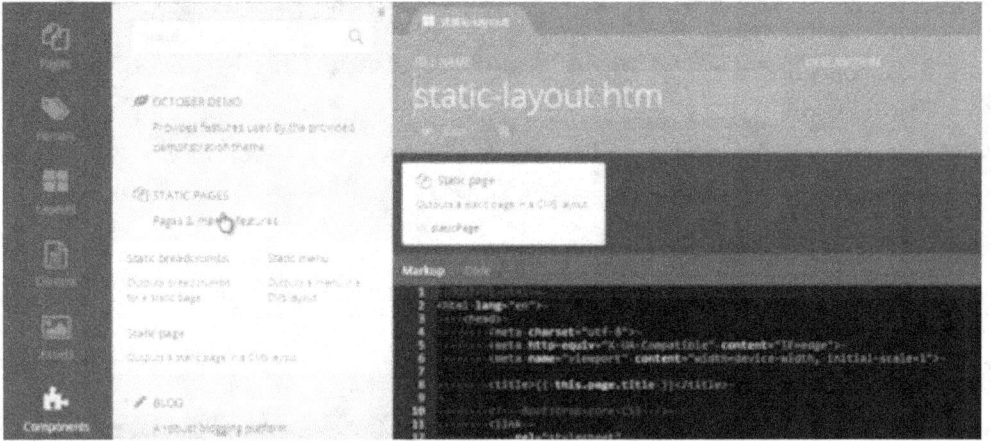

И выбираем «static menu».

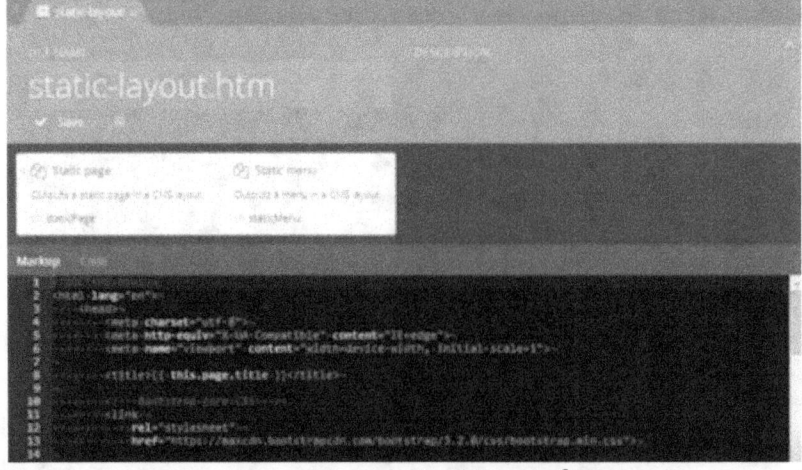

Нажимаем на данное меню и зададим ему имя – «topMenuLeft».

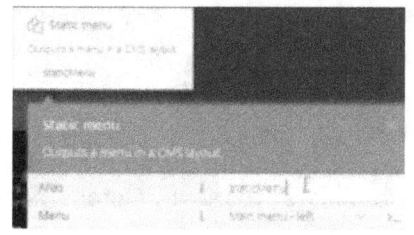

Теперь в лайауте нужно указать, где данное меню будет выводиться. Здесь есть разметочка, вот наша разметочка, куда нам следует поставить данное меню. Самый простой способ – это просто вывести данный компонент на экран вот таким образом. Но вывод меню можно кастомизировать так, как нам это требуется, и в документации вы найдете очень много способов, каким образом можно взаимодействовать с меню. Так, давайте его кастомизируем.

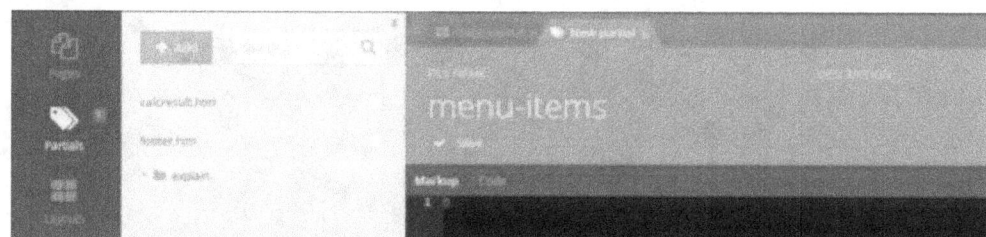

Для этого нам требуется создать дополнительный паршелл, переходим на вкладку «Partials», нажимаем «Add», называться наш паршелл будет «Menuitems» и содержать следующий код.

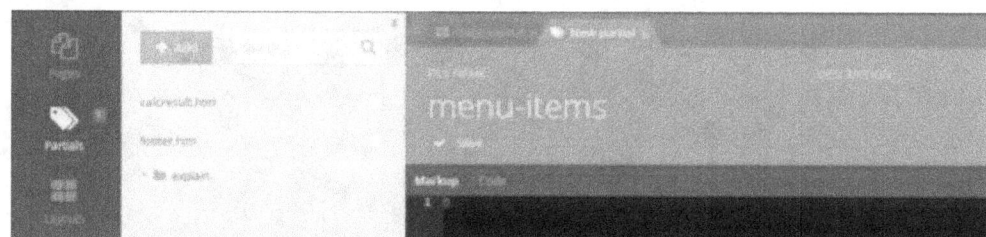

Данный код достаточно читабелен, и поэтому, если вы сами его прочтете, то здесь будет все понятно. Простые элементы выводятся так, как они есть. Если же элемент (страница) имеет вложенные страницы, то они будут в виде выпадающего списка. Здесь вы можете вывод сделать таким образом, каким требуется выводить в вашем сайте. Возвращаемся в наш «static layout», данный вывод меню, который у нас был первым, я закомментирую, пусть он для истории останется, и сделаю вывод нашего свежесозданного паршелла «Menuitems». Теперь можно проверять.

Переходим в новую вкладку, переходим на страничку October.local\ и видим наше меню.

Мы можем переходить по меню, открывая данные страницы, и, как вы помните, страничка «Project» у нас имеет 2 подстраницы: «Websites» и «Applications».

3.6. Создание правого меню

И так, друзья, меню у нас создано.

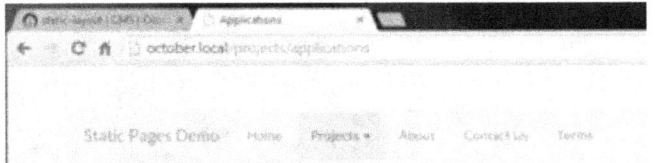

Теперь давайте это меню разделим на 2 части.

«Contact us» и «Terms» пусть будут теперь с правой стороны. Переходим в раздел «Pages» нашего «Static pages» плагина. Находим наши нужные странички – это «Contact us» и «Terms», выбираем «Contact us» и ставим здесь галочку «Hide in navigation».

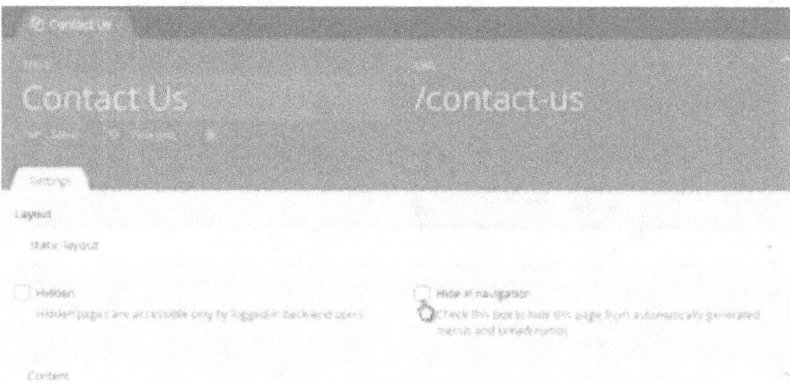

Данная галочка позволит нам не выводить данную страницу в том случае, если меню генерируется автоматически, а первое меню у нас генерировалось автоматически. Сохраняемся и то же самое делаем со страницей «Terms», ставим галочку, сохраняемся. Теперь переходим на вкладку меню и создаем новое меню.

Новое меню называется «Main menu-right», т.е. точно такое же верхнее меню, но правая его сторона. И здесь добавляем наши странички.

Выбираем тип «Static page» и референс – это у нас будет первая страничка «Contact us», «title» задаем тоже «Contact us», нажимаем «Apply».

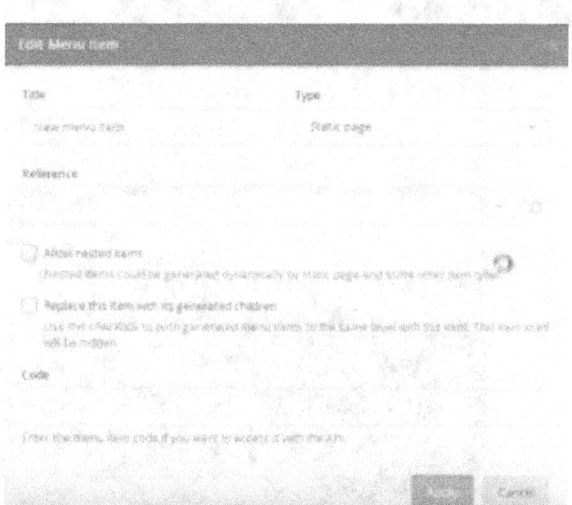

Добавляем еще один элемент, это у нас тоже «Static page», референс «Terms» и «title» тоже «Terms», нажимаем «Apply», сохраняемся.

Теперь в нашем лейауте нам нужно подключить данное меню.

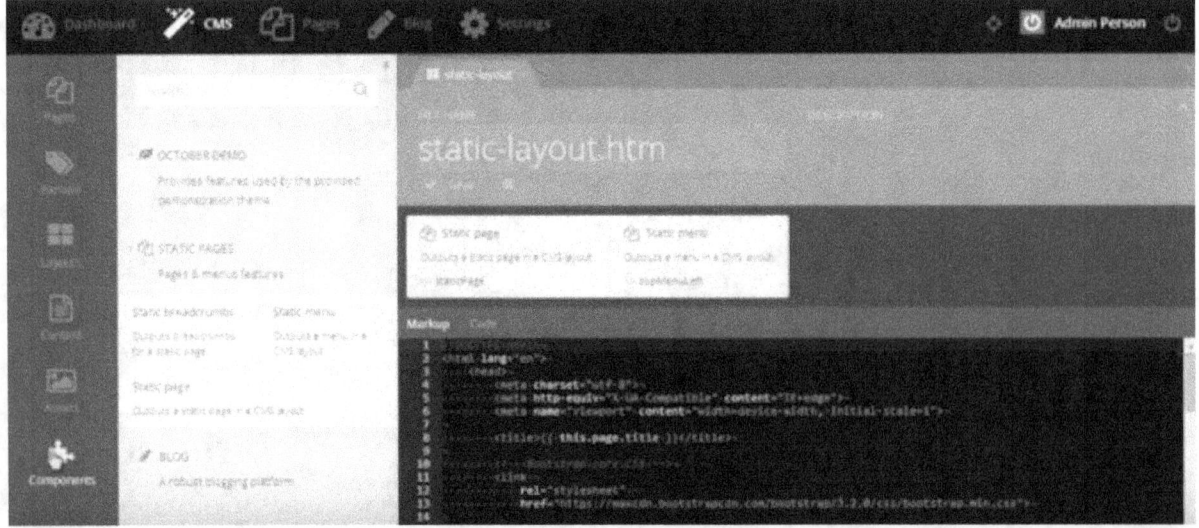

Переходим в CMS, переходим в «Layouts», выбираем «static layout», переходим в компонент, добавляем еще одно «Static menu».

Назовем его, алиес ему дадим «topMenuRight», находим, где у нас выводилось наше первое меню.

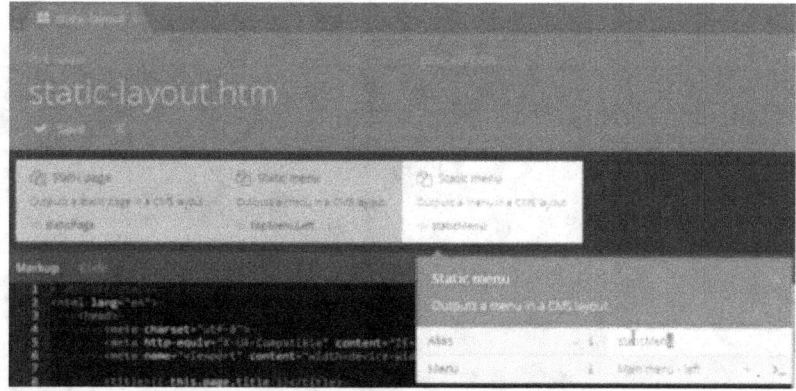

И добавляем здесь вывод нашего второго меню, немного задав другие классы бутстрапа, для того, чтобы приклеилось меню к правой стороне.

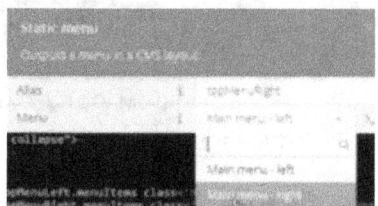

И вот здесь выбираем то, что у нас это Main menu-right. Сохраняемся.

Теперь переходим на страницу нашего сайта, обновляем страничку и видим то, что здесь 2 элемента меню исчезли, а здесь они появились.

Давайте по ним покликаем: все хорошо, они точно также становятся активными.

3.7. Вывод контента статичных страниц

Давайте теперь сделаем вывод данных статической страницы. Для этого нам потребуется найти то место, где мы будем вводить контент самой страницы.

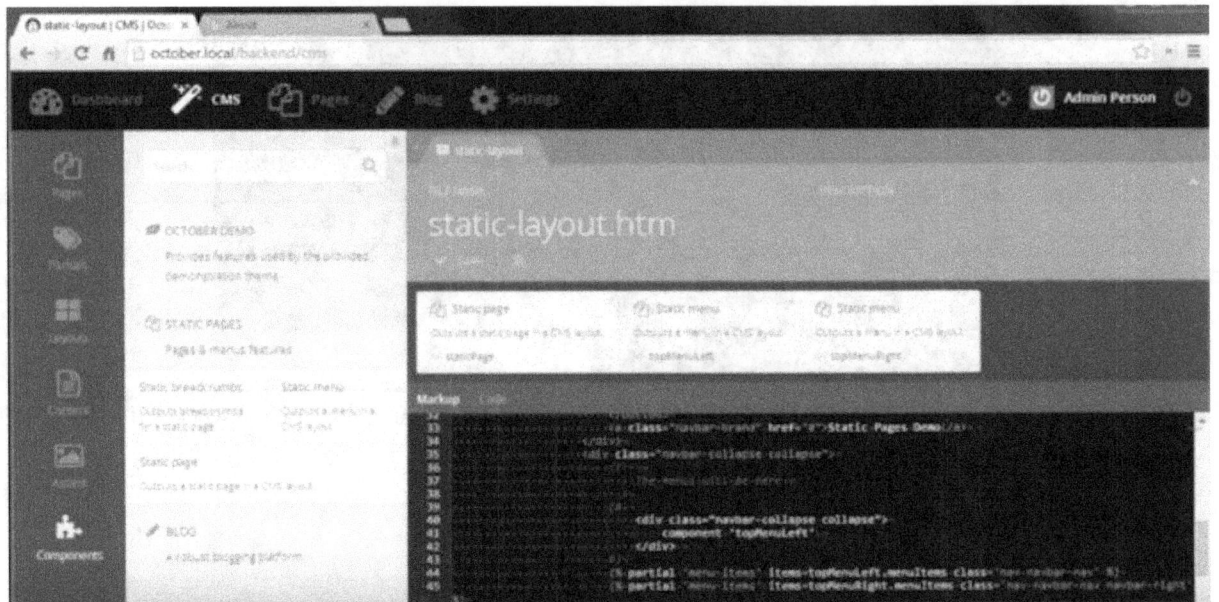

Вот здесь оно находится. Вводить будем следующим образом: компонент «Static page», «Static page» - это алиас нашего компонента «Static page».

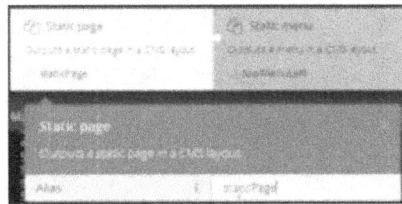

Если у вас что-то иное, то нужно будет поменять. И для того, чтобы мы увидели, как это отображается, нам нужно странички заполнить, т.к. они сейчас не заполнены. Переходим на вкладку «Pages», и давайте что-нибудь здесь напишем: «Home».

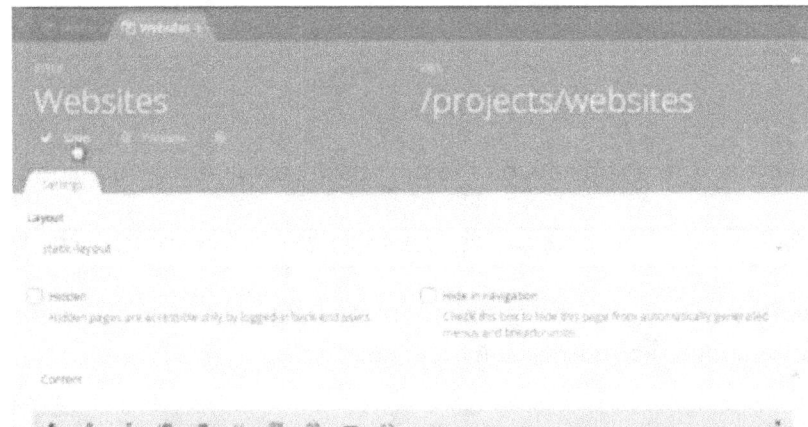

В «Project WebSites» тоже укажем «WebSites», и на каждой страничке какую-либо укажем информацию, уникально ее идентифицирующую, чтобы мы видели, что у нас есть изменения. «Contact Us», сохраняем, и осталось «Terms». И так, все странички мы заполнили, теперь нам нужно будет это проверить.

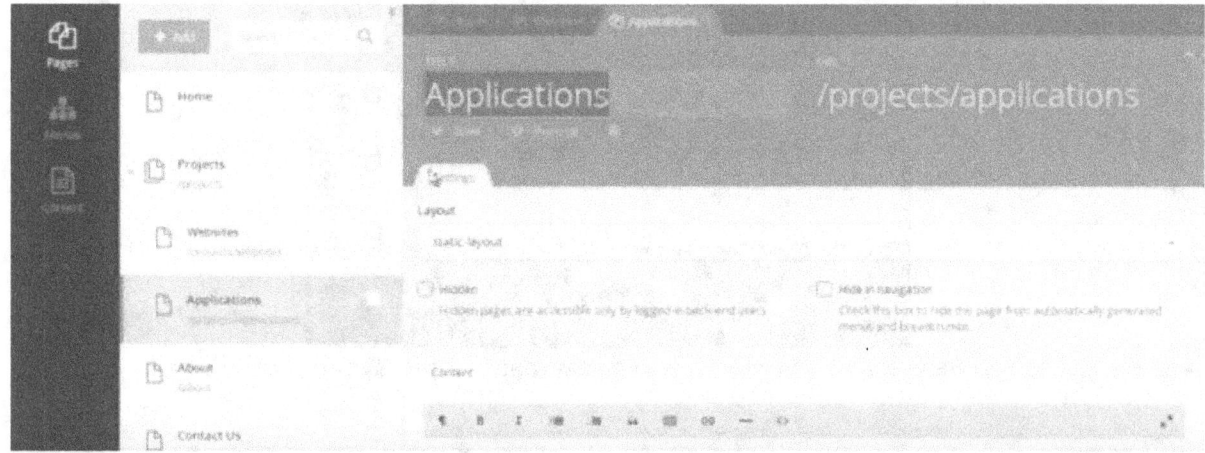

Переходим на «Home», видим то, что контент наш подгрузился: WebSites, Applications, About, Contact Us и Terms.

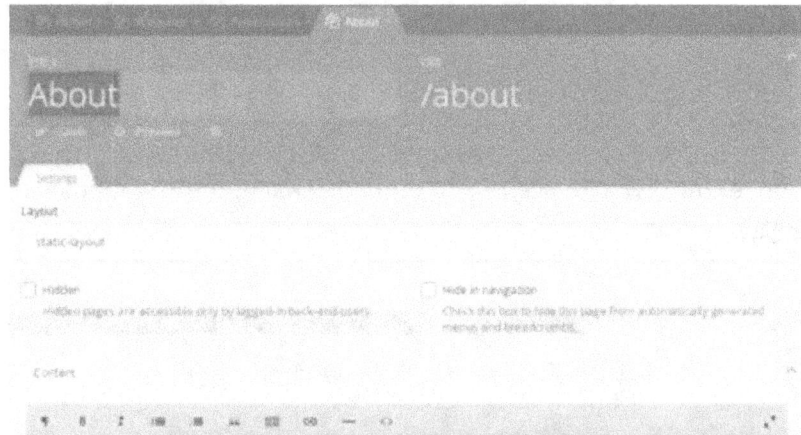

Да, контент у нас подгружается успешно. В текущей документации советуют также добавлять такой код: типа данная строка вводит Static page, а данная строка вводит page, которые созданы здесь (родные CMS-ские), но на текущий момент, они, видимо, оптимизировали, и данный код уже неактуален. Даже если мы сейчас напишем так, как говорит документация: «пишите так», то мы увидим следующее. Для начала мы сделаем тестовую страничку, переходим в «Pages», делаем тестовую страницу, назовем ее «Test», и напишем текст «Test». Сохраняемся. В лейауте у нас две команды вывода сейчас: одна для Static page, одна для CMS page.

Если мы перейдем на вкладку нашего сайта, одну его страницу, то сейчас здесь контент будет дублироваться, но если мы перейдем на вкладку «Test», то здесь все видится хорошо.

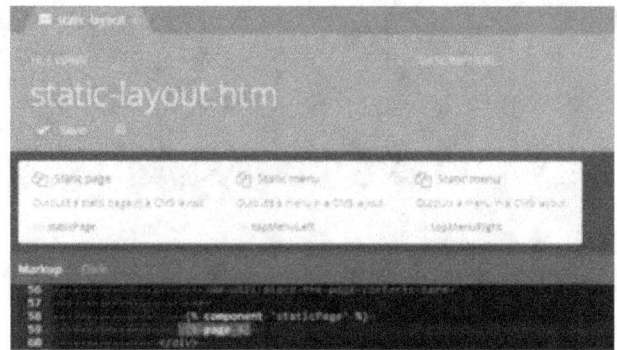

Так, здесь мы лейаут не указали для «Test»-а, укажем тоже «static layout», сохранимся.

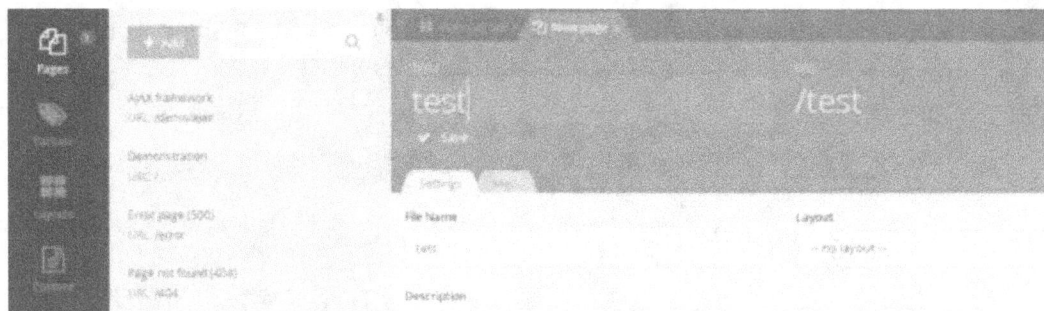

Page выводит все корректно, судя по всему код они поменяли, оптимизировали, но документация осталась по-прежнему.

Поэтому мы можем смело вернуться в «Layouts», убрать эту строку, и базовая строка вывода страницы «page» прекрасно отработает и для Static page, и для классической страницы.

Давайте убедимся в этом: обновляем страничку, и контент у нас теперь не дублируется, переходим на страничку «Test».

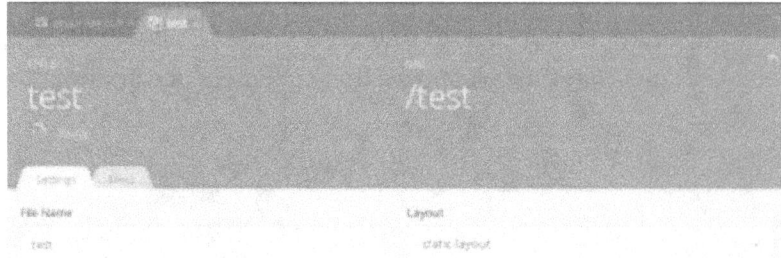

Здесь также осталось без изменений.

3.8.   Вывод категорий блога

И так, друзья, теперь самое интересное – как нам сделать так, чтобы одновременно комфортно работать и с блогом, и со «Static page»-ом.

Т.к. я делал здесь все с нуля, мне потребуется внести некие изменения в наш блог, т.е. добавить сюда контент.

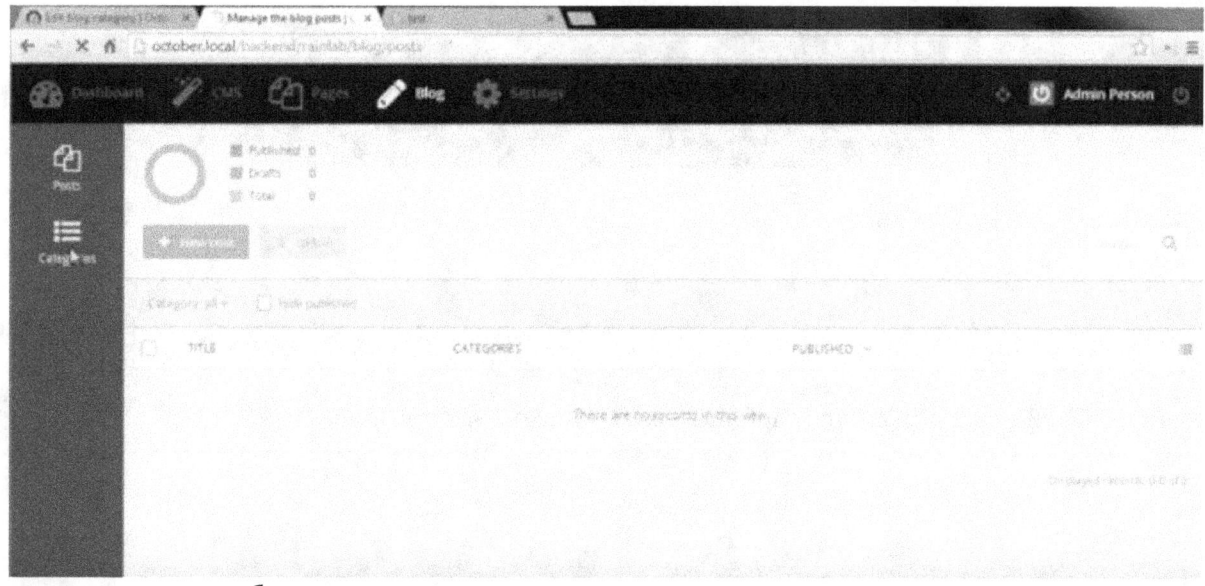

В первую очередь добавим сюда новые категории.

Первая категория будет категория 1(category1), добавляем еще одну категорию – категория 2(category2), и добавим еще 3-ю категорию – категория 3(category3).

Также перейдем на вкладку «Posts» и добавим статьи: post1, текст сюда, принадлежит он к категории и 1-й и 2-й, и публикуем ее.

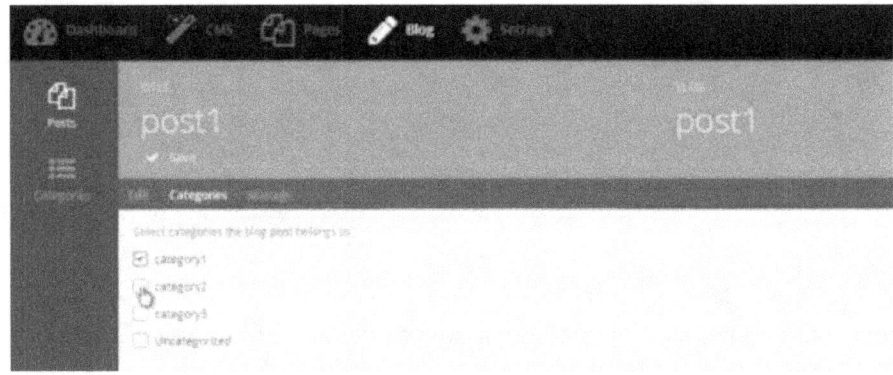

Сохраняем.

Давайте добавим еще post2, будет принадлежать только 2-й категории.

Также публикуем;

Добавляем 3-ю статью, это у нас будет post3, принадлежать будет 3-й категории, тоже публикуем, сохраняем.

Теперь давайте сделаем правое меню на нашем сайте, и элементами данного меню у нас будут категории блога.

Для этого нам опять же нужно сделать некие приготовления, для этого мы перейдем на вкладку «CMS pages».

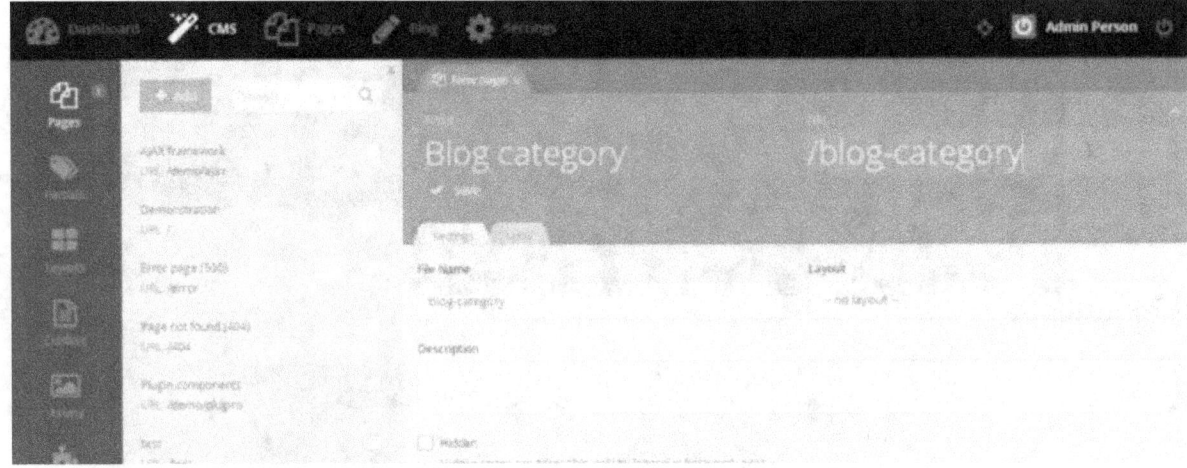

Добавим новую page, назовем ее «blog category», добавим здесь «slug».

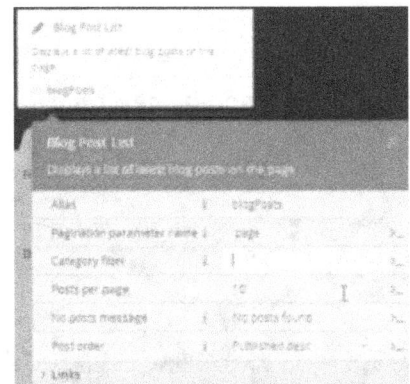

Укажем в лейаут «static layout», добавим сюда компонент блога «blog post list», и здесь в настройках укажем фильтр по категориям «slug».

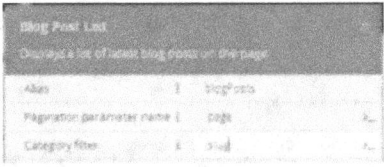

И также сделаем вывод самих «blog post»-ов, сохраняемся.

Теперь займемся самим меню. Переходим в «Pages», «Menu», добавляем новое меню, назовем его «blog categories», добавим элемент меню и здесь выберем «All blog categories».

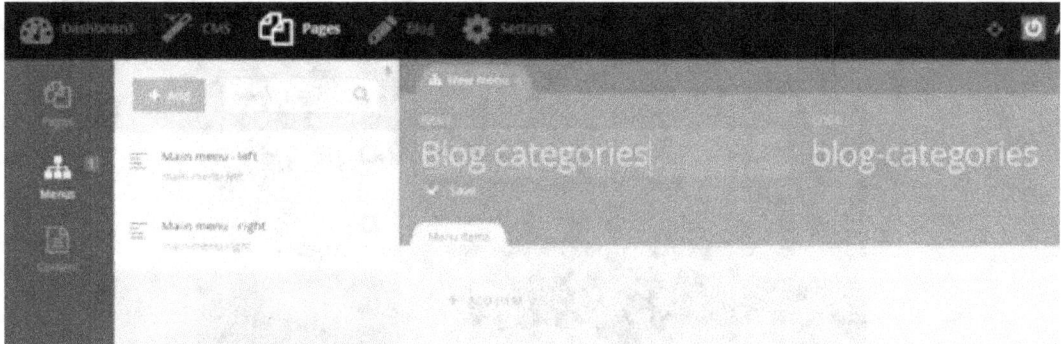

На вкладке «CMS page» мы выберем нашу пейдж «blog categories», которую мы только что создали.

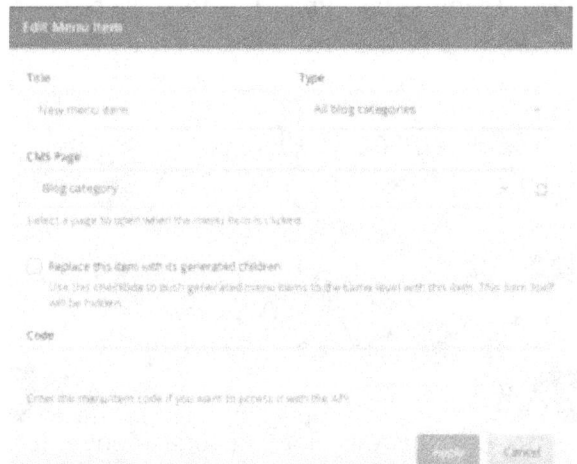

Также устанавливаем галочку «Replace this item». «Title» забыли, нажимаем «Apply», сохраняемся.

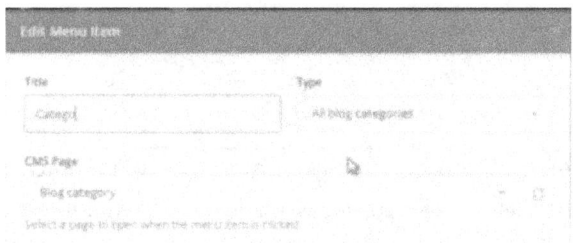

Появилось наше меню, и теперь нам это меню нужно добавить в наш лайаут.

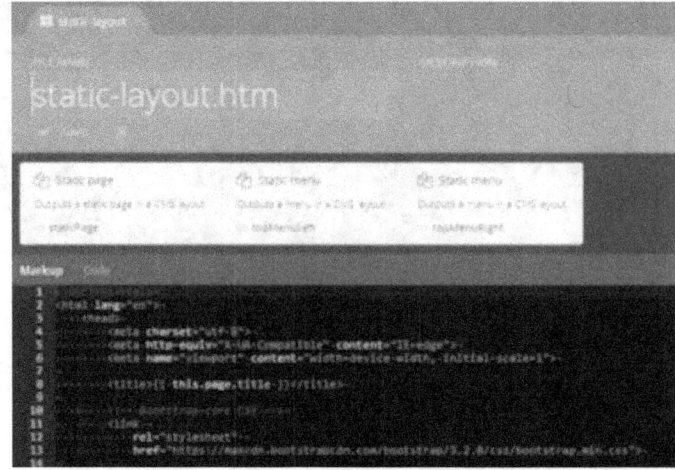

Переходим на вкладку «CMS Layout», выбираем «static layout», переходим в компонент и добавляем «Static menu».

Давайте дадим ему алиес – это у нас будет «BlogCategoriesMenu», и «BlogCategories» здесь сами подставились.

Теперь выведем данное меню в наш лейаут. Находим, где у нас расположен сайдбар: вот вывод пейджа, вот вывод сайдбара. И здесь сделаем вывод: указываем то, что это у нас будет «blog categories», и точно также, как в предыдущих примерах с помощью паршелл «MenuItems» мы выводим элемент нашего меню. Не забываем сохраняться, и теперь мы можем проверить то, что у нас получилось.

Переходим на страницу нашего сайта, обновляем, переходим на главную, предположим.

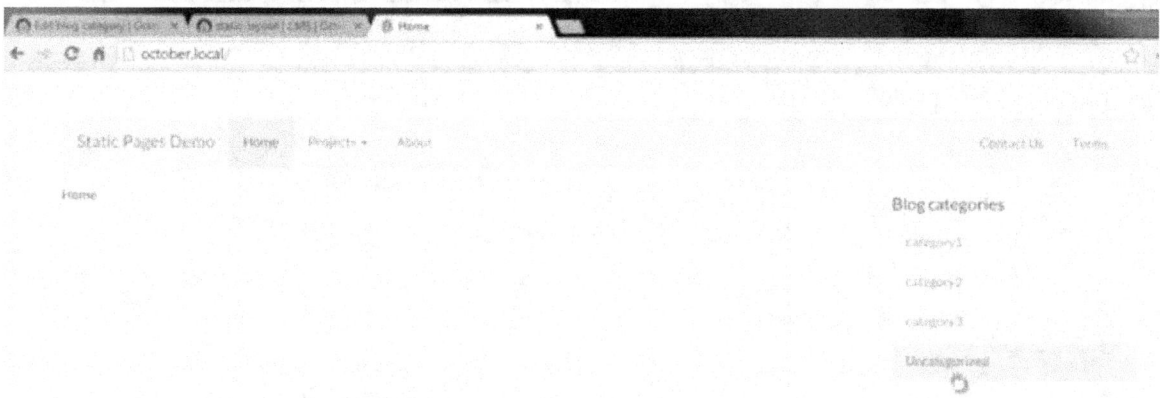

Вот, у нас справа появилось меню, и здесь вывод всех категорий: первые 3 категории, которые мы создали и категория по умолчанию, вот она.

Давайте попробуем на нее перейти. И так, в категории 1, как вы помните, у нас был 1 пост, и он у нас принадлежит 2-м категориям, поэтому у нас должно появиться 2 поста: пост1, который и к той, и к этой принадлежит, и пост 2.

И пост3 — 1 пост. Как вы видите, все достаточно просто здесь делается, важно лишь знать, куда тыкать мышкой.

Все, спасибо за просмотр, с вами был Дмитрий, до встречи в следующих видео-уроках.

3.9.   Страница блога

Теперь давайте сделаем доступ к нашему блогу из главного меню.

Для этого перейдем в редактирование нашего меню. Это у нас «Pages», «Menu», и нам нужно левое меню.

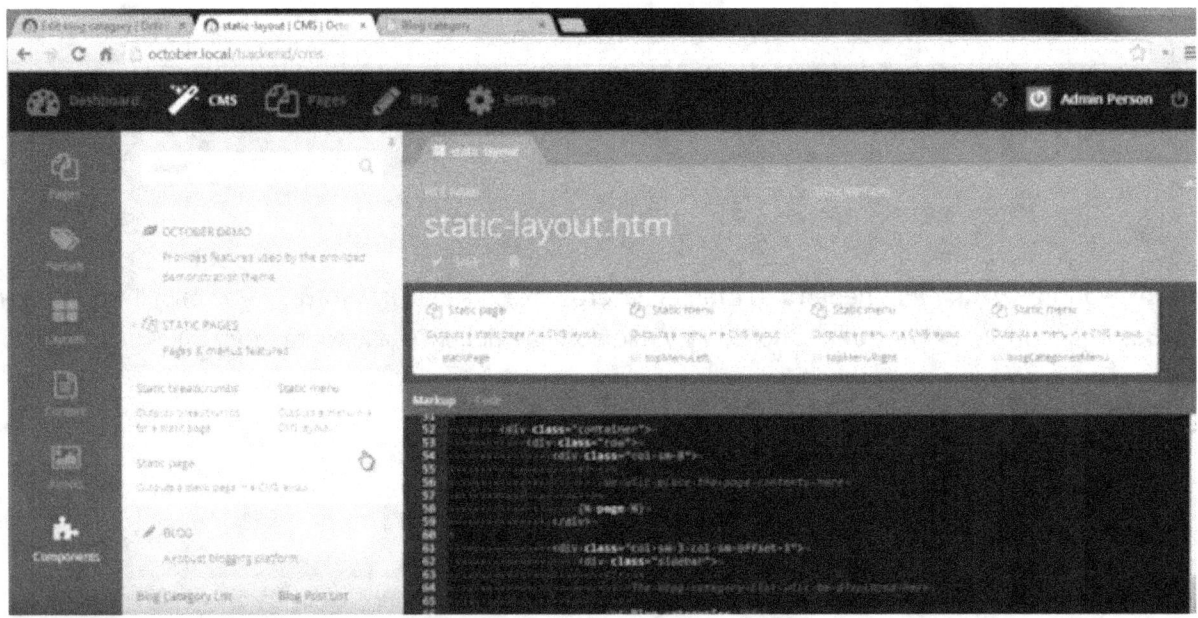

И здесь мы добавим наш элемент «blog».

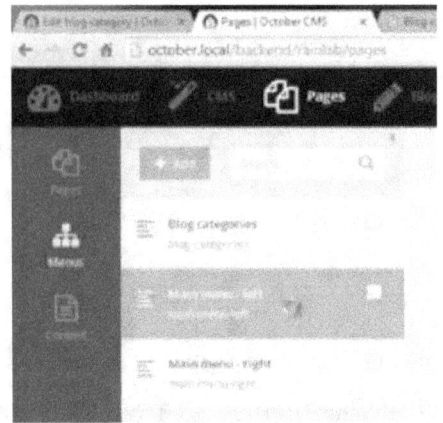

Тип у нас будет URL.

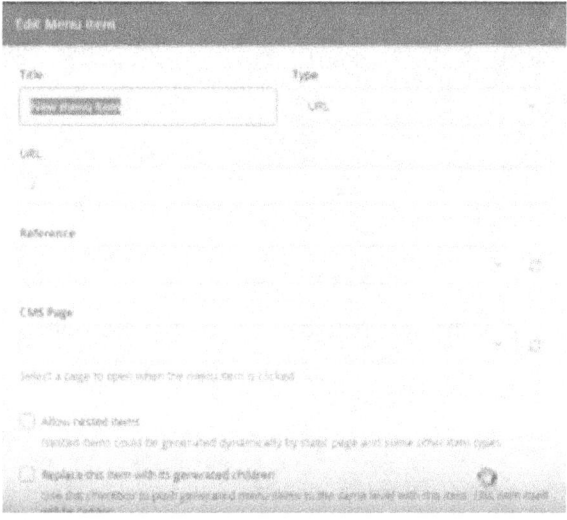

Обращаться будем \blog.

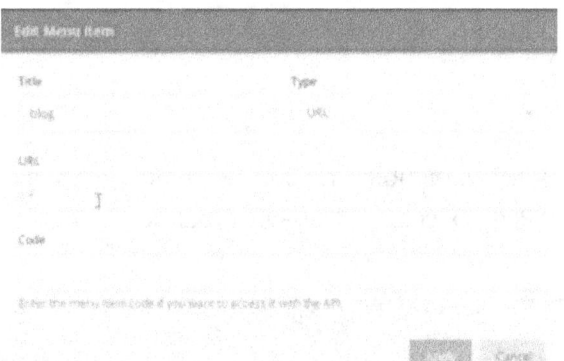

И для того, чтобы мы могли манипулировать данным URL, точнее не URL, а элементами меню, мы здесь введем код.

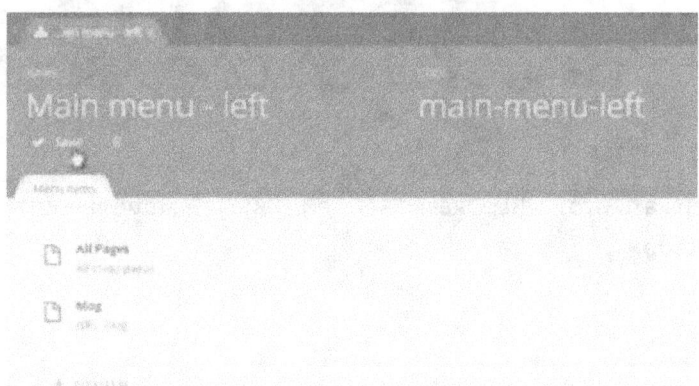

Он будет называться у нас «blog». Сохраняем. Давайте посмотрим, что у нас получилось, сохраняем само меню, переходим на страницу нашего сайта, обновляем страницу:

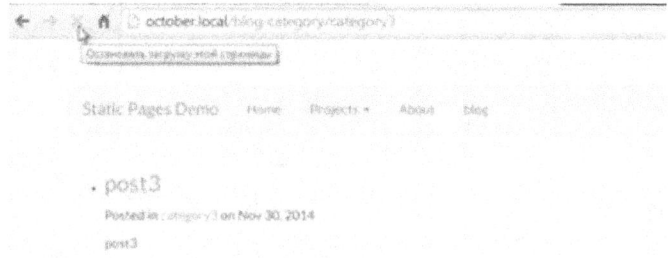

Вот у нас здесь появился блог, и получаем список всех наших постов.

Но у вас сейчас должна быть здесь ошибка, т.к. мы не создали страничку «blog». Я ее уже создал, мы должны перейти в CMS, «Pages», создаем новую страницу «blog».

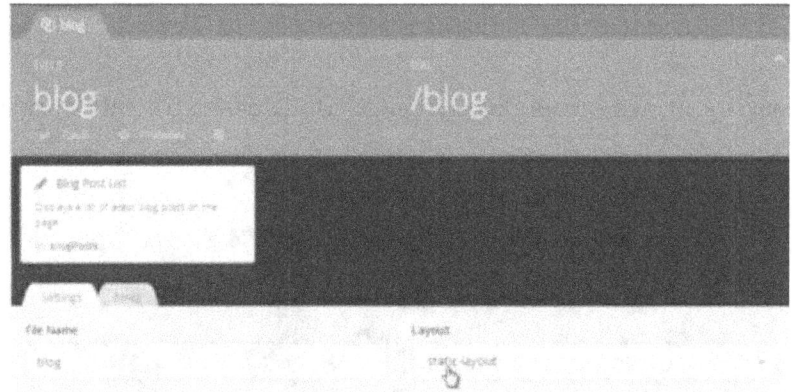

Которая и будет содержать этот URL, указываем ей лайаут «static layout», и здесь обязательно делаем вывод всех постов.

Но, смотрите, что у нас получилось: у нас получилось, что, когда мы переходим на определенные страницы, у нас соответствующий пункт меню подчеркивается, кроме вот этого блога. Т.к. эти страницы у нас принадлежат плагину Static Pages, он, соответственно, это нам и делает. А здесь у нас это не происходит.

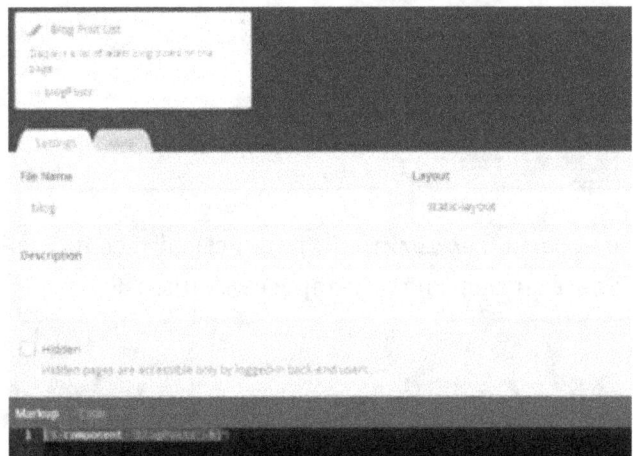

Для того, чтобы это у нас происходило, мы как раз здесь и задали нашему элементу меню код «blog», для того, чтобы могли в коде обратиться.

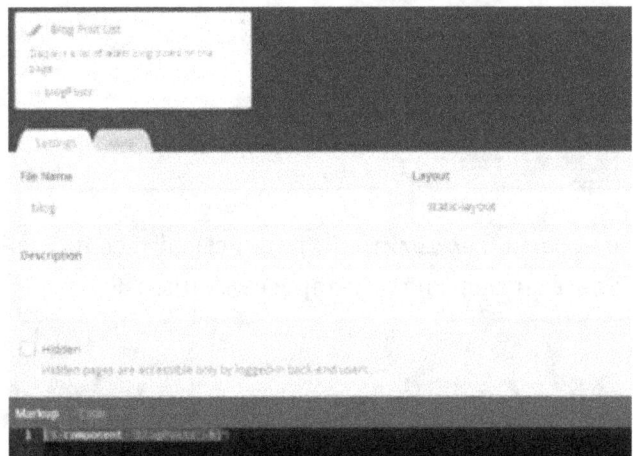

И давайте сделаем так, чтобы он у нас подсвечивался, для этого мы переходим на страничку «blog», CMS страничку, и нам нужен код.

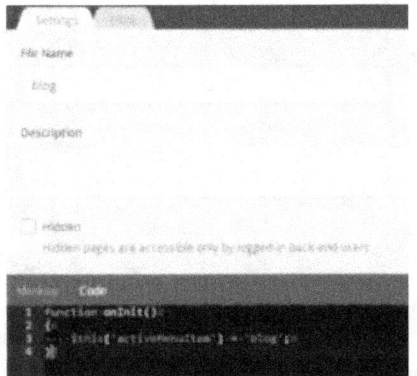

Добавляем сюда функцию «onInit» и говорим, что переменная «activeMenuItem» у нас будет называться «blog», что нам позволит его и подсветить.

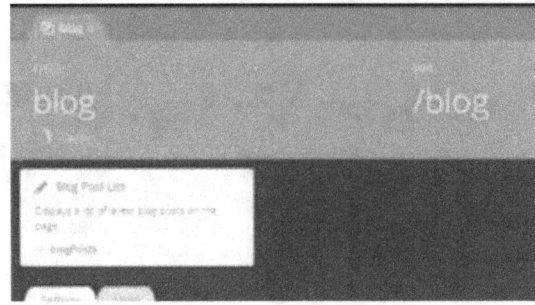

Переходим, обновляемся.

Всем спасибо за просмотр, с вами был Дмитрий, подписывайтесь на мой канал, подписывайтесь на рассылку моего сайта, впереди еще много интересных видео.